Voz de Dios

Palabra Profética

Plataforma del Futuro

Publicado por
Gerardo Ortega
Impreso en USA
Todos los derechos reservados

ISBN-13:
978-0692429686 (Voz de Dios)

ISBN-10:
0692429689

Voz de Dios

Palabra Profética

Plataforma del Futuro

Gerardo Ortega

CONTENIDO

CONTENIDO 5

RECOMENDACIONES 7

AGRADECIMIENTOS 10

PRÓLOGO 12

LA GUERRA DE ESTE TIEMPO 14

LA VOZ DE DIOS, AUTORIDAD ABSOLUTA ...24

CONOCIENDO LA VOZ DE DIOS 34

NO SOLO DE PAN, SINO DE TODA PALABRA...............45

IMPORTANCIA DE LA PALABRA 52

REQUISITOS PARA ESCUCHAR LA VOZ DE DIOS..........84

LA VOZ PROFÉTICA 90

OPERACIONES DE LA VOZ PROFÉTICA 98

ALINEÁNDONOS CON LA PALABRA 117

CUANDO OCURRE TODO LO CONTRARIO A LO PROFETIZADO 129

LA OBEDIENCIA 132

LA VOZ DE DIOS Y LA ADORACIÓN 136

RECOMENDACIONES

Recomendar la lectura de un libro escrito por Gerardo Ortega es especial para nosotros, pues Gerardo y su familia son muy cercanos a nuestra familia por amistad y amor en el Señor.

Lo conocemos desde su temprana juventud, cuando en su búsqueda de la verdad, preguntaba y anhelaba. A través de los años la amistad se volvió tan madura que para nosotros es más cercano que un hermano.

Realmente este libro llenará un vacío que existe en el ámbito ministerial apostólico y profético. Pues el pueblo perece por falta de conocimiento correcto y alineamiento a la verdad presente, lo cual es la Biblia.

Gerardo a través de su experiencia de años de observación y práctica, es una voz que clama en el desierto. Un reformador que trae aire fresco a nuestras vidas y ministerio.

Si a sus manos llego este libro, aprovéchelo, disfrútelo, póngalo en práctica y, sobre todo, recomiéndelo a otros que, como nosotros, son buscadores de la unción, verdad y gracia.

Apóstoles Oscar y Patricia Vásquez

Iglesia Cristiana Internacional, Miami Florida

En este libro, "Voz de Dios – Palabra Profética – Plataforma del Futuro "El Apóstol y Profeta Gerardo Ortega, desarrolla magistralmente de una manera clara los principios que nos proveen revelación y estructura de forma contemporánea.

En lo personal, este libro me ha permitido ser impartido en estos principios y ser guiado para aplicarlos en la esfera profesional.

Sé que este libro será de suma bendición y rápidamente se convertirá en una guía invaluable para cada lector.

Eduardo García

Arquitecto en tecnología, Cisco Systems

El Apóstol Gerardo Ortega es una voz relevante para nuestra generación, con un mensaje de revelación de parte de Dios que está provocando a la iglesia para romper estructuras, tradiciones y sistemas que la han paralizado.

El Apóstol Gerardo tiene un fuego en su corazón para que la iglesia sea alineada al diseño original de Dios y en ese fuego nos comparte y transmite su corazón en "Voz de Dios" (Palabra profética, Plataforma Del Futuro).

Voz de Dios no solamente puede ser visto como un libro, sino un manual para crecimiento personal, y ministerial. En este libro puedes obtener la experiencia de más de 25 años de trayectoria, procesos y experiencias del Apóstol Gerardo, pero por igual la revelación y el conocimiento sobrenatural de las escrituras.

Mi deseo es que puedas leerlo como un libro, pero que lo apliques como un manual que te va asistir en la transformación de tu vida, ministerio y en el reino de Dios.

Apóstol Javier Buelna

AGRADECIMIENTOS

En primer lugar deseo agradecer a Dios, mi Padre celestial, por la oportunidad que me ha brindado de poder servirle, a Él sea toda lagloria.

A mis padres, José Cesar y Josefa, por quienes soy lo que soy, su amor y cuidados me guiaron y guardaron en todo este caminar, mejores padres no pude haber tenido.

No puedo pasar por alto a los pastores José Emigdio y Nerea de Osorto con quienes caminamos por muchos años. Fueron instrumentos de Dios para capacitar e impartir, eternamente agradecido y mi amor permanente.

Oscar, Patricia, Tesla y Cesia Vásquez, más que amigos, una familia, gracias porque siempre creyeron en mí.

A la Dra. Emma de Sosa, quien en esta etapa de mi vida me ha recibido con todo su amor.

Chuck Pierce fuente de amor, inspiración, pasión, y determinación, donde encontré alineamiento y una redirección en mi vida.

Peter Wagner, no conozco un hombre con una capacidad de renovación más profunda que la suya. Me inspira conversar con él, pero más que inspirar me desafía.

Mi hijo, David Elías, cuyo nombre es sinónimo de destino, mi regalo del cielo, todo lo que soy y tengo es tuyo.

A los muchos amigos y ministros gracias, no tengo el espacio para enuméralos a todos, pero mi corazón rebosa de gratitud.

PRÓLOGO

Este libro llegó a mis manos como un machote solamente, como el producto de una idea del Profeta Gerardo, como un intento por reunir u ordenar sus pensamientos, pero también como un grito desesperado a la conciencia de los hijos de Dios. Una llamada de alerta, porque definitivamente en este tiempo convulsionado de tantas corrientes que dicen conducirnos a la misma fuente, es imprescindible escuchar la voz de Dios o nos extraviaremos con facilidad y terminaremos nadando en aguas contaminadas.

"Voz de Dios" por el Apóstol y Profeta Gerardo Ortega, viene a ser una herramienta muy útil para no desenfocarnos del propósito y no extraviarnos en el camino trazado.

Conozco a Gerardo dese 1984 y puedo decir que su mayor virtud es ser franco y honesto. No le importa si alguien se molesta, él dirá siempre la verdad. Este libro muestra su carácter directo y libre, despojado de adornos, yendo al blanco.

Es un privilegio escribir este prólogo, aunque personalmente he escrito unos treinta libros, es para mí un enorme gozo introducir en esta plataforma a la generación fuerte y dinámica que se está abriendo paso para establecer una verdad revelada, fresca pero potente.

Cuando comiences a leer este libro, no podrás soltarlo sino hasta el fin.

Dra. Emma de Sosa

Ministerio Un Nuevo Amanecer

1.

LA GUERRA DE ESTE TIEMPO

Podemos decir con certeza que la mayor guerra en este tiempo, es la guerra por escuchar la Voz de Dios y aprender a vivir por ella. El enemigo entiende que si la iglesia, las personas, pueden escuchar lo que Dios habla, su fuente de autoridad habrá sido reducida, expuesta y anulada, y la manifestación de la verdad de Dios será expresada. Un pueblo que escucha y obedece es un pueblo que vive en victoria.

El enemigo ha tratado de perpetuar la ignorancia y la religiosidad, la cual es una forma de ignorancia, estableciendo estructuras de pensamientos humanos y religiosos. Al hacerlo, la iglesia pierde su capacidad de recibir y obedecer la Voz de Dios. Como resultado de esto, la verdad es robada de la iglesia y se establece en la mentira, la mentira de la tradición bíblica, cerrados a la posibilidad de escuchar Su Voz. Entonces somos fundamentados en ideas, conceptos y tradiciones alejados de la verdad; por consiguiente, se asume que aquellas cosas que heredamos, que ya sabemos, que conocemos y creemos (tradición religiosa) es la única verdad, cerrando la puerta de la revelación de la Voz de Dios; entonces somos establecidos en una mentira y vivimos en ella como si fuera verdad.

Isaías 55:8-9 RV60 "Porque mis pensamientos no son vuestros pensamientos, ni vuestros caminos mis caminos, dijo Jehová. Como son más altos los cielos que la tierra, así son mis caminos más altos que vuestros caminos, y mis pensamientos más que vuestros pensamientos".

¿Es el evangelio repetición, costumbres y tradición o es revelación? Hay quienes temen la revelación y sólo viven en una repetición de costumbres y dichos sin verdad.

Creo que es tiempo de una expresión diferente del evangelio, diferente me refiero a una expresión que desciende del cielo con una trascendencia eterna, pero nueva y desconocida para esta generación, que sólo será conocida por medio de la revelación.

Marcos 12:24 "Entonces respondiendo Jesús, les dijo: ¿No erráis por esto, porque ignoráis las Escrituras, y el poder de Dios?"

La fuente principal del error es la ignorancia, la ignorancia básicamente en dos áreas:
1. Ignorancia de las escrituras (revelación de Su Voz), lo cual produce.
2. Ignorancia del poder de Dios.

El enemigo, en una de sus estrategias principales, intenta mantener al pueblo de Dios en ignorancia, la ignorancia magnifica el gobierno de las tinieblas y ésta a su vez promueve el error.

Juan 5:39-40 DHH "Ustedes estudian las Escrituras con mucho cuidado, porque esperan encontrar en ellas la vida eterna; sin embargo, aunque las Escrituras dan testimonio de mí, ustedes no quieren venir a mí para tener esa vida".

Aunque los líderes del sistema religioso de ese tiempo tenían las escrituras y las estudiaban, los líderes no encontraron testimonio de la verdad de la vida en ellas, sino mandamientos y costumbres religiosas.

Mateo 15:8-9 RV60 "Este pueblo de labios me honra; mas su corazón está lejos de mí. Pues en vano me honran, enseñando como doctrinas, mandamientos de hombres".

TIPOS DE IGNORANCIA

1. La ignorancia plena (nos lleva a un estado de incredulidad).
2. La ignorancia parcial (nos lleva a estados de inestabilidad y ciclos de temor y fracaso).
3. La ignorancia que tuerce las escrituras (nos lleva al error y al sistema religioso).

1 corintios 1:22 RV60 "Porque los judíos piden señales, y los griegos buscan sabiduría".

(Conocimiento sin revelación) = IGNORANCIA

- Los judíos en su incredulidad deseaban ver para creer.

- Los griegos deseaban conocer más.

Efesios 1:17 RV60 "Para que el Dios de nuestro Señor Jesucristo, el Padre de gloria, os dé espíritu de sabiduría y de revelación en el conocimiento de él".

Para poder entender las escrituras necesitamos una mente espiritual, necesitamos hacerlo a través de la revelación, donde toda revelación nos lleva a Él, siendo Él la Roca principal de la edificación.

Salmos 103:7 RV60 "Sus caminos notificó a Moisés, y a los hijos de Israel sus obras".

Dios es un Dios de movimiento constante, lo que implica una revelación constante y progresiva. Sin la revelación de Su Voz no podemos ser establecidos en Su verdad, aunque quizás tengamos la Biblia y los conceptos bíblicos en nuestra mente e inclusive en el corazón.

Sin la revelación de Su Voz no podemos agradarle y caminar de acuerdo a Su deseo y propósito; por lo tanto, perderemos nuestro destino.

Amós 3:3 RV60 "¿Andarán dos juntos, si no estuvieren de acuerdo?"

Para caminar con Dios debo estar de acuerdo con Dios, y para estar de acuerdo con Dios debo escuchar, tener la revelación de Su deseo, dónde desea Dios que camine y saber cuál es el siguiente paso. El acuerdo con Dios no consiste en presentar mis planes y deseos, sino todo lo contrario, es rendir los míos y escuchar los suyos y entrar en acuerdo con Él.

Por lo tanto, el acuerdo es la manifestación de la rendición de la voluntad propia para producir el efecto legal y jurídico del cumplimiento de la Suya.

Deuteronomio 29:29 RV60 "Las cosas secretas pertenecen a Jehová nuestro Dios; mas las reveladas son para nosotros y para nuestros hijos para siempre, para que cumplamos todas las palabras de esta ley".

La revelación de Su Voz siempre nos lleva a la manifestación de Su verdad. La revelación es la expresión de una verdad, una verdad que estaba oculta para ser revelada y que es manifiesta por medios sobrenaturales a nuestro entendimiento natural.

La verdad es la expresión de la naturaleza de Dios, es la expresión de Su carácter. Debemos comprender que sin revelación no tenemos la verdad y sin la verdad somos establecidos en una mentira. La revelación de Su Voz nos lleva a conocer la verdad y la verdad nos libera de las cadenas de la mentira.

Juan 8:31-32 RV60 "Dijo entonces Jesús a los judíos que habían creído en él: si vosotros permaneciereis en mi palabra, seréis verdaderamente mis discípulos; y conoceréis la verdad, y la verdad os hará libres".

La mayor verdad, es la verdad del conocimiento del corazón del Padre y de la adopción a la que fuimos sujetos. Fuimos adoptados, regenerados y transformados a Su imagen.

Juan 14:6 RV60 "Jesús le dijo: yo soy el camino (revelación), y la verdad (revelación manifestada), y la vida; nadie viene al Padre, sino por mí".

Estamos en una guerra de alto nivel, una guerra por escuchar Su Voz y ser establecidos en Su verdad. Su verdad genera un mayor nivel de fe, la fe siempre debe ser establecida bajo el fundamento de la verdad, si no será una fe en la mentira.

La fe es la fuente de la permanencia, a mayor permanencia mayor fruto y en esto el Padre es glorificado. Sin la fe somos cortados y no existe el fruto. La fe es la manifestación visible de Su verdad establecida en nuestro espíritu. Si no hay verdad lo que se manifiesta es la mentira. El engaño y el error es la manifestación visible de la mentira establecida en nuestro interior.

Juan 15:4 RV60 "Permaneced en mí, y yo en vosotros. Como el pámpano no puede llevar fruto por sí mismo, si no permanece en la vid, así tampoco vosotros, si no permanecéis en mí".

Juan 8:31 RV60 "Dijo entonces Jesús a los judíos que habían creído en él: si vosotros permaneciereis en mi palabra, seréis verdaderamente mis discípulos".

La relación entre la revelación, la verdad, la fe y la permanencia:
- La revelación nos lleva siempre a la verdad.
- La verdad confronta la mentira y el error, somos hechos libres.
- La verdad se convierte en el fundamento de la fe.

- La fe nos da el elemento de unión y permanencia.
- En la permanencia damos fruto y somos procesados para dar más fruto.

En los versos siguientes veremos la realidad expresada o manifiesta de dos personas en condiciones iguales, con resultados diferentes a causa de sus acciones, acciones que fueron muy distintas ante la misma palabra. La palabra (revelación) en el hombre sensato generó fe (obediencia), lo que le permitió permanecer en medio de las circunstancias.

Mateo 7:24-29 RV60 "Cualquiera, pues, <u>que oye</u> estas palabras, <u>y las hace</u>, le compararé a un <u>hombre prudente</u>, que edificó su casa sobre la roca. Descendió lluvia, y vinieron ríos, y soplaron vientos, y golpearon contra aquella casa; <u>y no cayó,</u> porque <u>estaba fundada sobre la roca</u>. Pero cualquiera que oye estas palabras y no las hace, le compararé a un hombre insensato, que edificó su casa sobre la arena; y descendió lluvia, y vinieron ríos, y soplaron vientos, y dieron con ímpetu contra aquella casa; y cayó, y fue grande su ruina. Y cuando terminó Jesús estas palabras, la gente se

admiraba de su doctrina; porque les enseñaba como quien tiene autoridad, y no como los escribas."

Como podemos ver, ambas personas pasaron por las mismas circunstancias, la diferencia entre permanecer o caer se basa en la capacidad de escuchar y obedecer. Si escuchamos y obedecemos permaneceremos y daremos fruto.

2.

LA VOZ DE DIOS, AUTORIDAD ABSOLUTA

Isaías 30:30 RV60 "Y Jehová hará oír su potente voz, y hará ver el descenso de su brazo, con furor de rostro y llama de fuego consumidor, con torbellino, tempestad y piedra de granizo".

Existe una conexión entre lo que Dios habla y lo que hace, Su poder se manifiesta cuando Su Voz lo anuncia. Dios primero da a conocer Su Voz, y desde la plataforma de Su Voz manifiesta Su naturaleza y proyecta Su poder (dimensión de Su Voz).

La dimensión de Su Voz es Su plenitud expresada, la estructura de Su poder que manifiesta Su voluntad.

La dimensión de Su Voz es la autoridad absoluta sobre la tierra. La dimensión de Su Voz nos habla de la capacidad de vivir, fructificar, ser y hacer todo lo que Dios planifica cuando nos habla. Vivir en la dimensión de Su Voz es vivir en Su plenitud. Desde la dimensión de Su Voz podemos caminar en lo sobrenatural que Él habló.

Su Voz no está sujeta a los elementos naturales ya que no procede de lo natural. Lo natural procede de una realidad espiritual, donde Dios habló y todo lo que vemos se hizo de lo que no se veía, mediante la Voz de Dios.

Al alinearnos y entrar bajo la dimensión de Su Voz, caminamos bajo los principios de Su poder sobrenatural. Mientras caminamos en Su palabra los elementos sobrenaturales alinean lo natural, pero al dejar de ver (creer y obedecer) Su palabra y ver lo natural, cesamos de caminar en la dimensión de Su Voz y regresamos a la dimensión natural. (Su Voz vs. las circunstancias).

Mateo 14:29-31 RV60 "Y él dijo: ven. Y descendiendo Pedro de la barca, andaba sobre las aguas para ir a Jesús. Pero al ver el fuerte viento, tuvo miedo; y comenzando a hundirse, dio voces,

diciendo: ¡Señor, sálvame! Al momento Jesús, extendiendo la mano, asió de él, y le dijo: ¡hombre de poca fe! ¿Por qué dudaste?"

Salmos 115:3 RV60 "Nuestro Dios está en los cielos; todo lo que quiso ha hecho".

¿Cómo es que Dios hace todo lo que quiere? Es una pregunta con una respuesta simple, Dios habla y las cosas suceden, acontecen, existen o dejan de existir, en fin, todo lo que vemos es el producto del sonido de Su Voz.

Salmos 29:3-11 RV60 "Voz de Jehová sobre las aguas; truena el Dios de gloria, Jehová sobre las muchas aguas. Voz de Jehová con potencia; voz de Jehová con gloria. Voz de Jehová que quebranta los cedros; quebrantó Jehová los cedros del Líbano. Los hizo saltar como becerros; al Líbano y al Sirión como hijos de búfalos. Voz de Jehová que derrama llamas de fuego; voz de Jehová que hace temblar el desierto; hace temblar Jehová el desierto de Cades. Voz de Jehová que desgaja las encinas, y desnuda los bosques; en su templo todo proclama su gloria. Jehová preside en el diluvio, y se sienta Jehová como rey para siempre. Jehová dará poder a su pueblo; Jehová bendecirá a su pueblo con paz".

EN EL PRINCIPIO

Génesis 1:1-3 RV60 "En el principio creó Dios los cielos y la tierra. Y la tierra estaba desordenada y vacía, y las tinieblas estaban sobre la faz del abismo, y el Espíritu de Dios se movía sobre la faz de las aguas. Y dijo Dios: sea la luz; y fue la luz".

Sin lugar a dudas, la autoridad de la iglesia radica en la capacidad de escuchar la Voz de Dios. La Voz de Dios está presente desde el momento mismo de la creación, (la creación del hombre, el pecado del hombre, la separación del hombre) en fin, todo en la esfera espiritual se mueve por la Voz de Dios. No hay nada que Dios haga o deje de hacer que no lo haya hablado antes.

Ahora bien, la Voz de Dios es tan importante que el enemigo desde un principio pretendió robarla. De hecho, en el jardín, el enemigo engañó a Eva sembrando duda en relación a la verdad de las palabras habladas por Dios, y cuando la duda fue establecida, el pecado entró al ser humano. La idea de Dios desde un principio, fue que el hombre viviera de cada palabra que sale de Su boca, creando así una voz de dependencia e intimidad).

La intención del enemigo por otro lado era robar la Voz de Dios y crear un estado de desorden, vacío; en fin, un caos total y por encima de esto las tinieblas cubriendo la verdad de Dios. Este estado de caos y tinieblas se perpetuó en la vida de los seres humanos, estableciendo un patrón de mentira y eventualmente la muerte.

La acción de Dios es hablar desde la plataforma de Su verdad y cuando Dios habla desde esa plataforma absoluta, los elementos espirituales y naturales vienen al orden de dicha verdad. Satanás trabaja desde la plataforma de la mentira. De lo que escuchemos y apliquemos, sea verdad o mentira, de eso comeremos.

Deuteronomio 11:26-28 RV60 "He aquí yo pongo hoy delante de vosotros la bendición y la maldición: la bendición, si oyereis los mandamientos de Jehová vuestro Dios, que yo os prescribo hoy, y la maldición, si no oyereis los mandamientos de Jehová vuestro Dios, y os apartareis del camino que yo os ordeno hoy, para

ir en pos de dioses ajenos que no habéis conocido".

La realidad del jardín no es diferente a la realidad que como iglesia hemos vivido. Dios estableció un principio de vida y el enemigo estableció un principio de muerte, y estaremos comiendo el fruto según aquel principio del que nos alimentemos.

El principio de Dios es: escucha Mi palabra y vivirás. El principio del enemigo es robar la capacidad de escuchar a Dios y generar una mentira.

- Fruto de vida si nos alimentamos del principio de Dios.
- Fruto de muerte si nos alimentamos del principio de Satanás.

DE LAS TINIEBLAS A LA LUZ

Génesis 1:2-3 RV60 "Y la tierra estaba desordenada y vacía, y las tinieblas estaban sobre la faz del abismo, y el Espíritu de Dios se movía sobre la faz de las aguas. 3 y dijo Dios: sea la luz; y fue la luz".

¿Por qué estaba la tierra en desorden, vacía y en tinieblas? Note que la palabra tinieblas significa: oscuridad; literalmente tinieblas; figurativamente miseria, destrucción, muerte, ignorancia, tristeza, maldad: oscuridad, oscuro, sombrío, tenebroso, tiniebla.

El propósito del enemigo es:
1. Matar.
2. Robar.
3. Destruir.

¿Cómo puede hacer esto el enemigo?

Provocando un rompimiento, una ruptura con la verdad, llevarnos a un desacuerdo con la palabra y provocar duda e incredulidad, lo cual nos lleva del temor al error.

Entonces somos presa fácil del enemigo, en medio de estas circunstancias el enemigo presenta un cuadro de desesperanza, desaliento, muerte y un callejón sin salida. EL enemigo magnifica las circunstancias negativas para provocar un rompimiento en el alineamiento con la Voz de Dios.

Desorden: haciendo esto se produce desorden en nuestros pensamientos, de repente vienen pensamientos de duda, las circunstancias parecen ser mayores que la palabra, mayores que la promesa.

Vacío: en medio del desorden se crea un vacío, no podemos sostenernos por la palabra, la promesa parece tan lejos e imposible. Se creó un vacío, un sentido de desesperanza. Juntos, al desorden y al vacío se les conoce como caos... se entra en crisis.

Tinieblas: en el caos, las tinieblas presentan su esencia, que es la mentira, la ignorancia, la miseria.

Esto nos lleva al error, es tan común ver como en medio de la llamada iglesia, la sociedad y el mundo le llama malo a lo bueno y a lo bueno le llama malo. Se crea un nuevo concepto de vida, alejado de la verdad y establecido en la mentira.

El enemigo cumple con su propósito:
- Mató: la identidad del hombre.
- Robó: El propósito del hombre.

- Destruyó: el destino del hombre.

El hombre vive por la palabra que sale de la boca de Dios

Estamos en un tiempo donde debemos cuidar la Voz de Dios en nosotros; Su Palabra es principio de vida y verdad. La batalla de hoy es escuchar Su Voz y vivir por ella.

Sin Su Voz
- Entramos en caos, desorden y somos presas del error.
- Entramos en religiosidad.

Por Su Voz
- Las tinieblas retroceden, la mentira desaparece.
- El vacío es llenado por el sonido de Su Voz.
- El orden de Dios se establece.

Salmos 85:8 RV60 "Escucharé lo que hablará Jehová Dios; porque hablará paz a su pueblo y a sus santos, para que no se vuelvan a la locura".

Entendiendo lo anterior, vemos la importancia de conocer Su Voz y aprender a vivir por ella. Su Voz se convierte en la autoridad absoluta, en donde todo se somete ante el poder de Su Voz.

3.

CONOCIENDO LA VOZ DE DIOS

Nuestro Dios es un Dios corporativo y a su vez personal, que desea tanto una relación corporal como una relación personal e íntima con Sus hijos. Dios jamás deseó una relación distante, lejana ni con mediadores, siempre buscó la intimidad y la cercanía.

Para lograr Su deseo, desde el momento que nos creó nos dio la capacidad de relacionarnos con Él. Al comprender que Dios nos creó con la habilidad y capacidad de comunicarnos con ÉL y al abrirnos a esta posibilidad, comprendiendo que no es una función del alma sino del espíritu humano, podemos entrar en la dimensión de Su Voz.

Dios es Espíritu, por lo tanto, la única forma de comunicación es en la esfera del espíritu, la falta de entendimiento y revelación de la esfera espiritual dejan al hombre a la merced de la esfera del alma.

Desde la esfera del alma no se puede establecer una comunión verdadera con Dios, sino una basada en el esfuerzo y la intención humana. En la esfera del espíritu vivimos bajo la dimensión de Su Voz.

Salmos 85:8 RV60 "Escucharé lo que hablará Jehová Dios; porque hablará paz a su pueblo y a sus santos, para que no se vuelvan a la locura".

La dimensión de Su Voz nos permite operar bajo el principio de la acción creativa, donde primero escuchamos y luego hablamos lo que Él habló y, por lo tanto, ante la acción de Su Voz los elementos responden, lo que no existe comienza a existir, lo muerto comienza a vivir, lo estéril florece. La dimensión de Su Voz nos lleva a una dimensión sobrenatural.

Isaías 55:10-11 RV60 "Porque como desciende de los cielos la lluvia y la nieve, y no vuelva allá, sino que riega la tierra, y la hace germinar y producir, y da semilla al que siembra, y pan al que come, así será mi Palabra que sale de mi boca; no volverá a mí vacía, sino que hará lo que yo quiero, y será prosperada en aquello para lo que la envié".

Tomando en consideración lo anterior, necesitamos aprender a discernir la Voz de Dios, ejercitando de continuo nuestros oídos espirituales para escuchar, aprendiendo a cerrar nuestros sentidos a las realidades naturales y escuchando la verdad en la esfera de lo sobrenatural. Los tiempos de intimidad en el secreto, permaneciendo en Su presencia atentos y en la esfera del espíritu, nos dan una oportunidad de crecer en el discernimiento de Su Voz.

Jeremías 23:18 RV60 "Porque ¿quién estuvo en el secreto de Jehová, y vio, y oyó su palabra? ¿Quién estuvo atento a su palabra, y la oyó?"

Existen diferentes voces que hablan al oído del hombre, así que debemos perfeccionar el discernimiento para distinguir la Voz del Padre.

Isaías 50:4-5 "Jehová el Señor me dio lengua de sabios, para saber hablar palabras al cansado; despertará mañana tras mañana, despertará mi oído para que oiga como los sabios. Jehová el Señor me abrió el oído, y yo no fui rebelde, ni me volví atrás".

MEDIOS DE COMUNICACIÓN

Comprender que Dios tiene varios métodos de comunicar sus pensamientos y propósitos, nos permite entender y apreciar el por qué las personas oyen a Dios de diversas maneras.

DIFERENTES VOCES

La voz del hombre: es la voz audible de otro ser humano, y aunque algunas veces puede dar consejos aparentemente buenos, sólo debe escucharse cuando está alineada a la Voz de Dios.

La voz de satanás: es la voz del enemigo que desde la plataforma de la mentira pretende robar el conocimiento de Dios, e inducir a la desobediencia y a la rebelión mediante la distorsión de la verdad, presentando una mentira como verdadera ante los ojos del mismo hombre.

El objetivo del enemigo es:

- Arrebatar el conocimiento que tenemos acerca de Dios **(Génesis 3:1-5).**

- Generar un estado de duda a la verdad establecida provocando desobediencia y rebelión **(Génesis 3:4-6)**.

- Crear una estructura (fortalezas) de pensamientos culturales e individuales contrarias a la verdad de Dios.

La voz del yo: es la voz del alma misma, hablando desde sus emociones y desde el proceso mental de sus experiencias y juicios propios, nos sorprendería saber cuánta mentira un alma no restaurada puede generar, llevando a los seres humanos a una experiencia religiosa basada en mentiras llevando a las personas a estados de incredulidad, temor y esclavitud.

La Voz de Dios: es a través de la cual Dios se comunica con Su pueblo por medio de Su Espíritu Santo (**Juan 10:3-5**).

La Voz de Dios puede incluir diferentes medios entre los cuales tenemos:

1. De forma directa a nuestro espíritu.
2. Por medio de la voz profética (expresiones proféticas).
3. Ángeles.

4. Circunstancias (inclusive personas no cristianas).
5. Biblia.

Diferentes maneras en las cuales nuestro espíritu recibe la Voz de Dios

Isaías 21:2-3 RV60 "Dura visión me ha sido mostrada: el traidor traiciona y el destructor destruye. Sube, Elam; sitia, Media. Por tanto, mis espaldas se han llenado de dolor; angustias se apoderaron de mí, como angustias de mujer de parto. Me siento agobiado al oírlo y al verlo me lleno de espanto".

El profeta indica que estaba recibiendo una comunicación divina. El profeta establece tres métodos de comunicación con los que Dios se comunicaba con él.

Los diferentes medios son:

- El oír (toda forma de revelación audible).
- El ver (formas de revelación visual, incluye visiones, sueños).

- El sentir (impresiones o sentimientos): es una percepción interior, una intuición del Espíritu Santo dentro de nosotros, es un saber interior que no tiene nada que ver con un sentir físico o carnal, sino que es un testimonio interior, un sentir en nuestro espíritu.

La particularidad del propósito de Su Voz, es llevarnos siempre a un estado nuevo o a una posición mayor, de una gloria menor a una gloria mayor, y de una posición inferior a una superior. Su Voz siempre nos lleva a una revelación, la revelación no es más que el descubrir una verdad que estaba oculta.

Es por medio de Su Voz que somos transformados, los ojos del entendimiento se abren y nuestras mentes pueden ser renovadas y entramos en un proceso de regeneración, hasta adquirir Su imagen y semejanza.

2 Corintios 3:18 RV60 "Por tanto, nosotros todos, mirando a cara descubierta como en un espejo la gloria del Señor, somos transformados de gloria en gloria en la misma imagen, como por el Espíritu del Señor".

La revelación ha sido sustituida en la iglesia por el conocimiento teológico, y como todos sabemos los que conocían las leyes y entendían los asuntos religiosos crucificaron a nuestro Señor porque no tenían revelación.

El vivir bajo la dimensión de Su Voz nos permite vivir en un estado de obediencia y bendición. El Señor lo escondió todo, sólo por el hecho de que todo fuera por medio de la revelación, Él no hace nada sin revelarlo antes; existen cosas para nosotros que están escondidas, tan distantes como del corazón a la boca.

Deuteronomio 30:14 RV60 "Porque muy cerca de ti está la palabra, en tu boca y en tu corazón, para que la cumplas".

Deuteronomio 29:29 RV60 "Las cosas secretas pertenecen a Jehová nuestro Dios; mas las reveladas son para nosotros y para nuestros hijos para siempre, para que cumplamos todas las palabras de esta ley".

La revelación de Su Voz viene por la relación, y es tan importante que el apóstol Pablo en casi todas sus cartas manifiesta su incesante oración para que la iglesia sea llena de espíritu de sabiduría y de revelación.

La Palabra de Dios produce resultados, no vuelve a Él vacía **(Isaías 55:11)**, sino que es efectiva para producir de acuerdo al propósito por la cual fue enviada.

La revelación de Su Voz está centrada en la verdad de quien es ÉL, y al conocer quién es ÉL descubrimos:

- Nuestra identidad (quién soy en Él).
- Nuestra posición (mi lugar en Él).
- Nuestra función (mi diseño en Él).

El apóstol Pablo clamaba para que la iglesia pudiese tener la capacidad de poder ver con los ojos del corazón.

Efesios 1:17-19 RV60 "Para que el Dios de nuestro Señor Jesucristo, el Padre de gloria, os dé espíritu de sabiduría y de revelación en el conocimiento de él, alumbrando los ojos de vuestro entendimiento, para que sepáis cuál es la esperanza a que él os ha llamado, y cuáles las riquezas de la gloria de su herencia en los santos,

y cuál la supereminente grandeza de su poder para con nosotros los que creemos, según la operación del poder de su fuerza".

Como vemos, la revelación tiene que ver primeramente con poder conocerlo a Él, y luego nos autoriza para poder accionar en:
- La voluntad de Dios.
- El plan y los propósitos de Dios.
- Herencia entre los santos.
- Los tiempos de Dios.
- La supereminente grandeza de Su poder que opera en nosotros.

Bajo la revelación de Su Voz tengo:
- **Dirección:** Su Voz se convierte en mi fuente de decisión.
- **Protección:** Su Voz me protege de:
  - Mentira
  - Error
  - Temor
  - Maldición
- **Estamos en obediencia:** la única forma de vivir en obediencia es escuchando lo

que Él mismo habla, esto me da permanencia. Jesús dice que Él solamente vino para cumplir la voluntad del Padre. Al estar en obediencia puedo agradar a Dios, dar fruto, crecer, ser fortalecido y poseer mi herencia.

Sin Su Voz:
- No Podemos agradar a Dios.
- No hay fruto.
- No hay crecimiento.
- Perdemos la fuerza.
- Perdemos la herencia.

4.

NO SOLO DE PAN, SINO DE TODA PALABRA

Deuteronomio 8:3 RV1960 "Y te afligió, y te hizo tener hambre, y te sustentó con maná, comida que no conocías tú, ni tus padres la habían conocido, para hacerte saber que no sólo de pan vivirá el hombre, más de todo lo que sale de la boca de Jehová vivirá el hombre".

Cuando vemos la realidad de cómo el pueblo de Dios fue sostenido durante 40 años en el desierto, un lugar inhóspito que no proveía los recursos naturales necesarios para sostener a aproximadamente un poco más de 2 millones de personas. Un lugar sin agua, sin comida, de mucho calor durante el día y de frio durante la noche. Pero el pueblo de Israel tenía la Voz de Dios que los sostenía, y la lección que Dios esperaba que ellos aprendieran se llamaba "dependencia de Su Voz".

Las circunstancias naturales no mueven a Dios, lo único que lo mueve es Su propósito, esta es una lección que debemos aprender. Ante Su propósito, Él desata Su Voz y todas las circunstancias naturales se alinean ante el Sonido de Su poderosa Voz. Es como ver el momento de la creación donde Dios dijo y fue hecho.

Jesús hace eco de estas palabras, pero no sólo de las palabras sino de la experiencia. Jesús está en el desierto, ha pasado 40 días en un ayuno impulsado por el Espíritu, todas las circunstancias naturales están en Su contra y encima de eso la voz del enemigo susurrando en Sus oídos, "Si eres hijo de Dios". Jesús podía ceder ante esa voz, pero existía una verdad más profunda, la Voz del Padre que es mayor que todo, y todo se sujeta a Su Voz.

Mateo 4:4 RV60 "Él respondió y dijo: escrito está, no sólo de pan vivirá el hombre, <u>sino de toda palabra que sale de la boca de Dios</u>".

La experiencia de Jesús en el desierto nos deja como instrucción precisa la necesidad de vivir por nuestra capacidad de escuchar lo que Dios habla **(Mateo 4:4)**. En medio del desierto y de la tentación Jesús vence declarando (hablando) lo que ÉL escucha de la boca de Su Padre.

Necesitamos afinar nuestro oído espiritual para escuchar lo que Dios hablará a nuestras vidas, porque donde nuestras habilidades terminan y nuestras fuerzas acaban, la Voz del Padre traerá:

- Destino.
- Fuerza.
- Capacidad.
- Rompimiento.
- En Su Voz somos establecidos en una nueva dimensión.

Estas declaraciones provocan un cambio de perspectiva acerca de cómo vivimos, es decir, que siempre tendremos dos alternativas:

1. El vivir bajo lo que oigo procedente de los medios naturales, sean mis pensamientos u opiniones externas (voz del hombre o del enemigo).

2. Vivir de la dependencia total y absoluta de Su Voz.

El vivir por Su Voz nos garantiza una vida en obediencia, dando fruto en todas las cosas. Ya que,

¿cómo caminaré en obediencia si no escucho lo que Dios me habla?

Salmo 85:8 RV60 "Escucharé lo que hablará Jehová Dios; porque hablará paz a su pueblo y a sus santos, para que no se vuelvan a la locura".

La palabra "escucharé" es la traducción de la palabra hebrea **shamá** que significa oír inteligentemente, es decir con atención y obediencia. La palabra paz es la traducción de la palabra hebrea **shalom** que significa bien, feliz, amistoso; bienestar, salud, prosperidad, paz, amigo, bueno, completo, dichoso, pacíficamente, pacífico, pasto delicado, propicio, prosperidad, salvo, victorioso. Como vemos, el cumplimiento de lo que Dios habla se encuentra en la capacidad de escuchar inteligentemente, con atención y obediencia. Al escuchar de esta manera, todo lo que Dios ha hablado se convierte en nuestra herencia. Dios es Espíritu y la única manera en la que podemos buscar a Dios es en Espíritu y Verdad.

Muchos tenemos ideas y conceptos donde creemos que estamos bien con Dios y quizás lo único que tenemos es una costumbre, una manera de relacionarnos con Dios, pero en realidad estamos alejados de Dios y envueltos en nuestra religiosidad. Jesús en su conversación con la mujer samaritana le dice: "ustedes adoran lo que no conocen, y los judíos adoran lo que conocen".

Ambos pueblos tenían una idea, un pensamiento de lo que es la adoración, ambos creían estar bien en su concepto de adoración, pero ambos estaban mal en su relación y posición con Dios. Volvamos a Dios con el corazón, un corazón contrito y humillado.

Zacarías 1:3 RV60 "Diles, pues: así ha dicho Jehová de los ejércitos: volveos a mí, dice Jehová de los ejércitos, y yo me volveré a vosotros, ha dicho Jehová de los ejércitos".

La realidad de que somos creados a Su imagen y semejanza, es más que una idea romántica, meramente semántica, es la expresión del corazón del Padre sobre Sus hijos. Al momento de crearnos el Dios Eterno, nos hizo con idea y propósito y como un reflejo de Su Gloria. Pero perdimos esa imagen y semejanza.

Ser restaurados significa volver al modelo e idea original, encontrarnos en la eternidad a la imagen con la que ÉL nos creó. El Espíritu Santo nos renueva, nos regenera y nos da la forma y semejanza de Jesús con la capacidad de escuchar y de vivir sólo por la Voz del Padre.

Desde esta perspectiva comprendemos que nadie puede estar delante de Él sin ser como Él, sin poseer Su imagen y Su semejanza. Es allí donde podemos expresar adoración en una nueva dimensión y encontramos la manifestación de los hijos de Dios, lo que provoca una confrontación de la naturaleza y la iniquidad, y somos libertados a una expresión de gloria.

Es mediante este proceso que Dios nos instruye a vivir hablando lo que nuestros oídos escuchan de Su boca, declarando las palabras que Dios habla para cada circunstancia, teniendo el oído en el cielo para ser boca en la tierra.

Jeremías 15:19 RV60 "Por tanto, así dijo Jehová: si te convirtieres, yo te restauraré, y delante de mí estarás; y si entresacares lo precioso de lo vil, serás como mi boca. Conviértanse ellos a ti, y tú no te conviertas a ellos".

Hablar las palabras del cielo en la tierra, provoca un establecimiento sobrenatural, un existir de las cosas que no existen, una remoción de las cosas que deben ser removidas, el hablar siempre revela lo que hay en el corazón.

Que el mundo se convierta a Ti, que seas testigo de las palabras de Dios, y que hables como Dios habla. No te conviertas en oído que no escucha y boca que no habla lo que Dios habla. La persona que habla de acuerdo a los principios del mundo, generalmente hablará: las circunstancias, miseria y lamento.

Cuando hablo lo que Dios habla:
- Sin tener nada, soy prosperado.
- Sin poseer nada, lo poseo todo.
- Estoy completo cuando escucho lo que Él habló de mí.

Colosenses 1:27 RV60 "A quienes Dios quiso dar a conocer las riquezas de la gloria de este misterio entre los gentiles; que es Cristo en vosotros, la esperanza de gloria".

5.

IMPORTANCIA DE LA PALABRA

Deuteronomio 28:1-2 RV60 "Acontecerá que, si oyeres atentamente la voz de Jehová tu Dios, para guardar y poner por obra todos sus mandamientos que yo te prescribo hoy, también Jehová tu Dios te exaltará sobre todas las naciones de la tierra. Y vendrán sobre ti todas estas bendiciones, y te alcanzarán, si oyeres la voz de Jehová tu Dios".

Como podemos leer en los versos anteriores la bendición y la vida están ligadas al oír y obedecer la Voz de Dios.

Es por esta razón que debemos comprender cómo operar bajo los principios de Su Voz.

1. **Principio de acción creativa. Dios lo creó todo por la Palabra.**

Hebreos 11:3 RV60 "Por la fe entendemos haber sido constituido el universo por la palabra de Dios, de modo que lo que se ve fue hecho de lo que no se veía".

Como su Voz lo inició todo, desde el principio vemos que Dios inició la acción de creación por medio de Su Voz. Su Voz desata una operación, desata un movimiento creativo, activo y generador de vida.

Génesis 1:3 RV60 "Y dijo Dios: sea la luz; y fue la luz".

Asegúrese de escuchar Su Voz y después actuar, normalmente hacemos lo contrario, primero hacemos y después corregimos. El éxito en nuestras vidas está en escuchar.

2. **Principio de la acción reveladora, Dios no hará nada sin revelarlo antes.**

Isaías 45:11 OSO "Así dice el SEÑOR, el Santo de Israel, y su Formador: preguntadme de las cosas por venir; inquiridme acerca de mis hijos, y acerca de la obra de mis manos".

Desde este principio vemos como Dios desea revelar antes de hacer algo, Dios desea anunciar lo que hará. Esto nos muestra lo importante que es el vivir escuchando lo que Él habla. Dios desea revelar sus intenciones, sólo necesita su atención, hay cosas que necesitamos saber y Dios desea que estemos en acuerdo con Él. En el pasaje anterior vemos que Dios mismo nos anima a preguntarle, a indagar acerca de sus hijos y de la obra de sus manos.

Amós 3:7 "Porque no hará nada Jehová el Señor sin que revele su secreto a sus siervos los profetas".

3. **Principio de vida, Su Voz como forma de vida.**

Marcos 9:7 RV60 "Entonces vino una nube que les hizo sombra, y desde la nube una voz que decía: este es mi Hijo amado; a él oíd".

Vivimos por cada palabra que sale de la boca de Dios, no vivimos por las circunstancias, ya que en medio de las circunstancias Su Voz es mayor que todo; ni por nuestras capacidades, ya que vana es la fuerza del hombre para salvar. "¿A quién iremos? Tú tienes palabras de vida eterna". Cuando comprendemos este principio de vida, sólo Su palabra puede generar vida; y si aprendemos a alinearnos con Sus palabras, lo muerto y desierto en nosotros cobrará vida.

Características de la Palabra:
- La palabra genera fe (Romanos 10:17).
- Tiene tiempo.
- La palabra nos prueba (Salmos 105:19).
- Tiene propósito (la palabra tiene una obra en ella misma).

La Palabra genera fe.

Romanos 10:17 OSO "Luego la fe es por el oír, y el y el oído, por la palabra del Cristo".

Por naturaleza, por constitución divina somos seres con fe. El problema no es la fe que tenemos sino donde dirigimos la fe que poseemos. Para todo en la vida se necesita fe, aún los incrédulos usan de su fe para poder vivir y moverse, pero su fe está en la esfera de lo natural e inclusive puede ser una fe en la mentira, recuerde que satanás es padre de mentira. Ahora bien, para poder operar en la esfera de lo sobrenatural necesitamos una fe sobrenatural, una fe que sea engendrada en la verdad del Espíritu.

La escritura nos dice que la fe viene por el oír, quiere decir que, al llegar la palabra a nuestro espíritu, dicha palabra, que es una semilla proveniente de la boca de Dios. Esta semilla siempre está buscando producir de acuerdo a su naturaleza, intención o propósito. Cuando la palabra se encuentra en nuestro espíritu y encuentra la recepción, la respuesta correcta, dicha palabra (semilla) germinará de acuerdo a nuestra respuesta (fe) y dará fruto de acuerdo a nuestra obediencia (fe). Por lo tanto, la palabra es una semilla buscando producir fruto en nuestras vidas y la respuesta de fe lo determinará. Cada palabra genera la respuesta de fe necesaria para cumplir de acuerdo a dicha palabra.

La Palabra y el Tiempo

Salmos 105:19 RV60 "Hasta la hora que se cumplió su palabra, el dicho de Jehová le probó".

Debemos activar en este tiempo la unción de los hijos de Isacar, hemos de activar los dones proféticos en nuestro medio, no necesitamos ser profetas para escuchar Su Voz, sólo necesitamos ser Sus hijos.

Juan 10:27 RV1960 "Mis ovejas oyen mi voz, y yo las conozco, y me siguen".

Jeremías 29:10 RV60 "Porque así dijo Jehová: cuando en Babilonia se cumplan los setenta años, yo os visitaré y despertaré sobre vosotros mi buena palabra, para haceros volver a este lugar".

Como podemos ver, la palabra tenía un tiempo específico para su cumplimiento. El fracaso de entender los tiempos de las palabras, nos llevan a un estado de decepción, engaño, culpa y condenación, debido al no haberse cumplido las palabras. Entender los tiempos es tan vital como el poder entender y recibir la palabra. Cada palabra tiene un tiempo de cumplimiento.

Hechos 7:17RV60 "Pero cuando se acercaba el tiempo de la promesa, que Dios había jurado a

Abraham, el pueblo creció y se multiplicó en Egipto".

1 Timoteo 1:18 RV60 "Este mandamiento, hijo Timoteo, te encargo, para que conforme a las profecías que se hicieron antes en cuanto a tí, milites por ellas la buena milicia".

El entender los tiempos nos garantiza:

- **La preparación debida:** al recibir una palabra y comprender el tiempo de ésta, nos da la oportunidad de prepararnos para el cumplimiento de la palabra; si la palabra tiene requisitos y condiciones, estos están ligados al cumplimiento. Durante la preparación trabajamos en estos requisitos y condiciones.
- **Las respuesta correcta:** en el tiempo correcto Dios mismo despierta Su palabra para que actuemos de acuerdo y ajustados a Su voluntad.

1 Crónicas 12:32 RV60 "De los hijos de Isacar, expertos en discernir los tiempos, con conocimiento de lo que los jefes de Israel debían

hacer, eran doscientos; y todos sus parientes estaban bajo sus órdenes".

La Palabra nos Prueba

Salmos 105:19 RV60 "Hasta la hora que se cumplió Su palabra, el dicho de Jehová le probó".

Como vemos en el verso anterior, la palabra tiene un tiempo específico, así como una acción generadora de cambio en ella, lo que provoca ajustes hasta llevarnos a la estatura moral y espiritual para manifestar el cumplimiento de la palabra.

Sin los ajustes necesarios la palabra no se cumplirá en nuestras vidas. Pablo le dice a Timoteo que milite en las profecías que le fueron dadas, es decir afírmate, ajústate, camina y haz de ellas tu modo de vida.

La palabra desea llevarnos a un estado de mayor carácter, donde la palabra expresada tenga cabida en nuestro ser, si no, existirá un desequilibrio, sería como poner un remiendo de tela nuevo en un vestido viejo.

La palabra nos refina hasta el punto que estamos listos para que llegue el cumplimiento, es el lugar en el tiempo donde el proceso nos encuentra. Si fracasamos en los ajustes, fracasamos en el cumplimiento. Es allí donde se dice: muchos fueron llamados, pocos fueron escogidos.

La palabra "**probó**" es la traducción de la palabra hebrea tsaráf de la raíz primaria; fundir (metal), es decir, refinar (literalmente o figurativamente): acrisolar, afinar, artífice, ensayar, fundidor, fundir, limpiar, limpio, platero, purificador, purificar, refinar.

Esto quiere decir que la palabra provoca tal grado de confrontación, que somos llevados a un estado de decisión para que hagamos:

Los ajustes y correcciones de acuerdo a la palabra (la revelación provoca ajustes)

Toda palabra provoca un estrés en nuestro interior, lo que nos lleva a un estado de movimiento interno, la palabra provoca cambios. Sin los cambios en nuestra naturaleza las palabras son retenidas, recuerde que siempre existe el componente moral, en una palabra, esto se llama respuesta u obediencia.

Los ajustes tienen que ver con la estatura espiritual y moral de acuerdo a la palabra, esto quiere decir que la palabra nos confronta con:

- El pasado, para ser establecidos en una verdad presente.
- Los ciclos generacionales deben ser rotos.
- Las iniquidades deben ser tratadas.
- La cultura es confrontada y fundamentada bajo nuevos principios.
- Las estructuras de pensamientos rotos, nuevos paradigmas se establecen.

Todos estos deben estar alineados con la palabra. La palabra nos prueba, afina, refina, nos funde y nos hace uno con ella y cuando el tiempo llega y los ajustes han sido hechos de acuerdo a la palabra, llega el tiempo de cumplimiento.

Marcos 4:17 RV60 "Pero no tienen raíz en sí, sino que son de corta duración, porque cuando viene la tribulación o la persecución por causa de la palabra, luego tropiezan".

La Palabra y el Propósito

Isaías 55:10-1RV60 "Porque como desciende de los cielos la lluvia y la nieve, y no vuelve allá, sino que riega la tierra, y la hace germinar y producir, y da semilla al que siembra, y pan al que come, así será mi palabra que sale de mi boca; no volverá a mí vacía, sino que hará lo que yo quiero, y será prosperada en aquello para lo que la envié".

El propósito es la intención o el ánimo de hacer o dejar de hacer algo. Dios es un Dios de propósitos, no uno que no tiene intención, posee una voluntad colectiva para la humanidad y una voluntad individual.

Y es en base a esa voluntad que se generan Sus propósitos, sean colectivos o individuales.

Sus propósitos son siempre expresados mediante Su Voz y por esa Voz vivimos.

En el pasaje de **Isaías 55** con el que dimos inicio en esta sección, dice en la parte final: "no volverá a Mí vacía, sino que hará lo que Yo quiero, y será prosperada en aquello para lo que la envié". Dos frases me llaman poderosamente la atención, primero, hará lo que Yo quiero; segundo, será prosperada en aquello para lo que la envié.

La palabra "quiero" en la expresión "hará lo que yo quiero" es la traducción de la palabra hebrea "kjaféts" que significa agradar, amar, aprobar, codiciar, complacer, deleitar, desagradar, desear, deseo, padecimiento, mover, placer, querer, voluntad.

La palabra "prosperada" es la traducción de la palabra hebrea "tsalákj" que significa acometer, bueno, éxito, lograr, pasar, prosperar, próspero, ser bueno, servir, venir.

Esto quiere decir que Dios habla de Su deseo, placer, deleite y voluntad, y Él espera que ese deseo o voluntad sea prosperado y que tenga éxito.

Aunque la voluntad individual y nuestra respuesta determinará el éxito y la prosperidad de esa palabra.

Deuteronomio 1:26 RV60 "Sin embargo, no quisisteis subir, antes fuisteis rebeldes al mandato de Jehová vuestro Dios".

Proverbios 1:24-25 RV60 "Por cuanto llamé, y no quisisteis oír, extendí mi mano, y no hubo quien atendiese, sino que desechasteis todo consejo mío y mi reprensión no quisisteis".

Isaías 30:15 RV60 "Porque así dijo Jehová el Señor, el Santo de Israel: en descanso y en reposo seréis salvos; en quietud y en confianza será vuestra fortaleza. Y no quisisteis".

La palabra de Dios siempre viene con expresión de Su propósito, lo que genera un estado de acción o movimiento en el ámbito espiritual que provoca manifestaciones en la esfera natural, cuando en el tiempo se genera la prueba descubrimos el propósito de la palabra, a esto le llamamos "momentum", que es el movimiento en el lugar y tiempo correcto para llegar al destino establecido (propósito cumplido).

Entre algunos propósitos de la palabra tenemos:

1. Crear.
2. Vida.
3. Protección y victoria.
4. Corrección.

5. Dirección (revelación profética).

6. En Su Voz somos establecidos en una nueva dimensión (cambio constante).

La Palabra y el Acto de Crear

Es la habilidad de traer a existencia algo que no existía. Es la capacidad de transformar lo muerto, estéril o sin esperanza a la posición contraria.

El vivir desalineado de Su palabra nos hace víctimas del error, la ignorancia y las tinieblas.

Su palabra trae confrontación en el ámbito espiritual que provoca un impacto en la esfera natural. El escuchar y vivir por Su palabra, generará vida donde la muerte y la ignorancia han reinado.

No se trata de una confesión positiva de pensamientos hermosos o ideas románticas de nuestros deseos, se trata de escuchar lo que Dios habla, estar alineados a Su tiempo y proceso y declarar, hablar lo que Dios ha hablado. Esto provocará un rompimiento en las circunstancias lo que creará circunstancias nuevas.

Su palabra provoca una transición, un proceso de re-generación, de creación, donde el desierto se hace un campo fértil, y el proceso es continuo hasta llegar a ser un bosque, donde el resultado final es la justicia, el reposo y la seguridad para siempre.

Isaías 32:15-17 RV60 "Hasta que sobre nosotros sea derramado el Espíritu de lo alto, y el desierto se convierta en campo fértil, y el campo fértil sea estimado por bosque. Y habitará el juicio en el desierto, y en el campo fértil morará la justicia. Y el efecto de la justicia será paz; y la labor de la justicia, reposo y seguridad para siempre".

La palabra busca crear de acuerdo a Su voluntad:
- Luz en medio de las tinieblas.
- Paz en medio de las tormentas y la confusión.
- Fertilidad en medio de la esterilidad.
- Abundancia en medio de la escasez.

- Generar una oportunidad donde no existe.
- Vida en lugar de la muerte.

Salmos 85:8 RV60 "Escucharé lo que hablará Jehová Dios; porque hablará paz a su pueblo y a sus santos, para que no se vuelvan a la locura".

La Palabra Trae Vida

La manifestación de la vida de Dios sobrepasa la muerte y la destrucción. Sólo Su palabra puede provocar que aquello que está muerto vuelva a la vida. Pedro confiesa que no existe otro lugar donde se puedan encontrar palabras de vida eterna.

Algunos quizás hablen bien y deseen hablar vida, pero si las palabras no están conectadas con el Generador de vida sólo serán palabras. El efecto de vida es provocado cuando se habla desde el punto del acuerdo con la palabra que Dios está hablando.

Juan 6:63RV60 "El Espíritu es el que da vida; la carne para nada aprovecha; las palabras que yo os he hablado son Espíritu y son vida".

Es desde ese punto de unión en donde las palabras de Dios se hacen nuestras y tienen la capacidad y autoridad de absorber la muerte.

La generación de vida tiene un proceso doble como lo vemos en **Ezequiel 37:3-4RV60** "Me dijo: hijo de hombre, ¿vivirán estos huesos? Y dije: Señor Jehová, tú lo sabes. Me dijo entonces: profetiza sobre estos huesos, y diles: huesos secos, oíd palabra de Jehová".

1. Trae orden

Primero trae a orden lo que provocó el estado de muerte, no puede manifestarse la vida de Dios en medio del desorden. Cada hueso fue colocado en su lugar, pero no había Espíritu, solo existía orden.

Ezequiel 37:8 RV1960 "Y miré, y he aquí tendones sobre ellos, y la carne subió, y la piel cubrió por encima de ellos; pero no había en ellos espíritu".

2. Trae vida.

A consecuencia del orden, un nuevo comando procede de la boca de Dios (**Ezequiel 37:9 RV60**). "Y me dijo: profetiza al Espíritu, profetiza, hijo de hombre, y di al Espíritu: así ha dicho Jehová el Señor: Espíritu, ven de los cuatro vientos, y sopla sobre estos muertos, y vivirán." Desde este punto de unión con la Voz de Dios, que previamente había generado orden, se podía profetizar la vida de Dios.

Cuando hablamos lo que Dios habla generamos lo que Su boca anuncia.

Veamos la secuencia en el proceso de Ezequiel:

- No conocía lo que no se le había revelado.

Este es un punto muy importante; hoy en día, la iglesia repite cosas, decreta cosas y aún profetiza cosas sin tener la revelación. La revelación nos garantiza el poseer las cosas que nos son reveladas y la autoridad de operar en las cosas reveladas.

- Nunca profetizó, declaró o anunció de su propio deseo.

El deseo del corazón es un motor fuerte para hablar cosas como si Dios las hubiera dicho. Una cosa es hacer una declaración de fe, pero nunca deberíamos profetizar bajo el deseo o el anhelo del corazón.

- Sólo profetizó lo que Dios le ordenó (obediencia).

El poder del acuerdo no se trata de que Dios se haya puesto de acuerdo con nosotros, sino nosotros escuchando la instrucción del cielo y luego hablando, declarando y profetizando lo que el Dios de los cielos ha hablado. Necesitamos la revelación de Su Voz en nuestras vidas.

La Palabra trae Protección y Victoria

2 Crónicas 20:20RV60 "Y cuando se levantaron por la mañana, salieron al desierto de Tecoa. Y mientras ellos salían, Josafat, estando en pie, dijo: oídme, Judá y moradores de Jerusalén. Creed en Jehová vuestro Dios y estaréis seguros; creed a sus profetas, y seréis prosperados".

Al escuchar las condiciones actuales el Rey Josafat temió, porque escuchó de acuerdo a lo que las circunstancias naturales hablaron: contra ti viene una gran multitud del otro lado del mar, y de

Siria; y he aquí están en Hazezon-tamar, que es En-gadi.

Siempre tenemos dos alternativas, ver el contexto natural, lo que provoca temor, o esperar a que Dios nos dé una palabra que hable en contra del contexto natural. Cuando enfrentamos circunstancias contrarias, debemos esperar hasta que escuchemos Su Voz; Su Voz desata la autoridad en medio de las circunstancias y nos guía en nuestro curso de acción.

De la experiencia de Josafat aprendemos:
1. Humilló su rostro (reconoció que no tenía las fuerzas para hacer frente).
2. Consultó a Dios (conocía la fuente de su protección y victoria).
3. Se alineó con una palabra previa que le sirvió de puente para su situación presente.
4. Esperó en Dios para que le diera una nueva palabra.
5. Actuó de acuerdo a lo profetizado.

Cuando estamos posicionados en Sus palabras nos posicionamos en las promesas de esas palabras, ya que intrínsecamente existe una promesa en cada palabra.

Sus palabras son como un muro de protección, el enemigo pretende romper las barreras de protección que Su palabra crea, pero entre más firmes y alineados estemos en Su palabra, más seguridad, protección y victoria tendremos. Ningún enemigo podrá hacernos frente cuando vivimos escuchando Su Voz.

Efesios 6:16 RV60 "Sobre todo, tomad el escudo de la fe, con que podáis apagar todos los dardos de fuego del maligno".

Deuteronomio 11:26-27RV60 "He aquí yo pongo hoy delante de vosotros la bendición y la maldición: la bendición, si oyereis los mandamientos de Jehová vuestro Dios, que yo os prescribo hoy".

No existe mayor garantía de protección y victoria que el escuchar, obedecer y vivir por Sus palabras.

Su voz nos protege de:
- Mentira.
- Temor.
- Error.
- Maldición.

La palabra trae Dirección

Su palabra es fuente de dirección. En este mundo siempre tendremos decisiones que tomar y si lo hacemos de acuerdo a nuestro entendimiento natural es probable que nos equivoquemos, que erremos en la dirección que debemos seguir.

El escuchar Su Voz nos da la garantía de hacer lo que Él quiere que hagamos y esto nos permite vivir ajustados a Su plan y propósito.

Mat 7:21 RV60 "No todo el que me dice: Señor, Señor, entrará en el reino de los cielos, sino el que hace la voluntad de mi Padre que está en los cielos".

El Reino de Dios consiste en obedecer y para obedecer debo conocer y para conocer debo escuchar Su voluntad. Sólo mediante la revelación de Su Voz puedo conocer Su voluntad.

Juan 4:34 RV60 "Jesús les dijo: mi comida es que haga la voluntad del que me envió, y que acabe su obra".

Juan 5:30 RV60 "No puedo yo hacer nada por mí mismo; según oigo, así juzgo; y mi juicio es justo, porque no busco mi voluntad, sino la voluntad del que me envió, la del Padre".

Al igual que Jesús, como Sus hijos somos llamados a vivir de acuerdo a Su voluntad, cualquier otra manera de vivir es desagradarlo.

Juan 6:38 "Porque he descendido del cielo, no para hacer mi voluntad, sino la voluntad del que me envió".

Colosenses 1:9-11 RV60 "Por lo cual, también nosotros, desde el día que lo oímos, no cesamos de orar por vosotros, y de pedir que seáis llenos del conocimiento de Su voluntad en toda sabiduría e inteligencia espiritual, para que andéis como es digno del Señor, agradándole en todo, llevando fruto en toda buena obra, y creciendo en el conocimiento de Dios; fortalecidos con todo poder, conforme a la potencia de su gloria, para toda paciencia y longanimidad".

El conocer y caminar en Su voluntad nos provee:

- El andar como es digno del Señor.

- Agradarle en todo.
- Llevar fruto en toda buena obra.
- Crecer en el conocimiento de Dios.
- Ser fortalecidos con todo poder, conforme a la potencia de Su Gloria, para toda paciencia y longanimidad.

LA PALABRA TRAE CORRECCIÓN

Tiene que ver con el deseo de Dios de traer orden a aquellas cosas que están fuera de lugar, o de reposicionar a las personas en el lugar correcto para poder llevar a cabo el destino de Dios.

Provocar una rectificación de algo que:
1. Inició bien, pero en algún momento perdió la dirección y el propósito del diseño del Dios Eterno.
2. Está desviado completamente del propósito de Dios (Saulo de camino a Damasco).

Algo que inició bien, el ejemplo de Elías en la cueva.

1 Reyes 19:13-15 RV60 "Y cuando Elías lo oyó se cubrió el rostro con su manto, y salió y se puso a la entrada de la cueva. Y he aquí, una voz vino a él y le dijo: <u>¿Qué haces aquí, Elías?</u> Y él respondió: he tenido mucho celo por el SEÑOR Dios de los ejércitos; porque los hijos de Israel han abandonado tu pacto, han derribado tus altares y han matado a espada a tus profetas. He quedado yo solo y buscan mi vida para quitármela, y el SEÑOR le dijo: ve, regresa por tu camino al desierto de Damasco y cuando hayas llegado, ungirás a Hazael por rey sobre Aram".

Podemos ver de este pasaje que Su palabra estaba trayendo a Elías de regreso a su destino, al cumplimiento del propósito de Dios. Las fuerzas de las tinieblas siempre tratan de apartarnos, de separarnos del propósito y habiendo logrado esto habrán logrado una victoria.

Sólo Su Voz puede traer a nuestro espíritu corrección del camino que hemos tomado, y puede traernos al camino correcto para el cumplimiento del destino.

Veamos la experiencia de Elías:

1 Reyes 19:2-4 "Entonces envió Jezabel a Elías un mensajero, diciendo: así me hagan los dioses, y aún me añadan, si mañana a estas horas yo no he puesto tu persona como la de uno de ellos. <u>Viendo</u>, pues, el peligro, se levantó y se fue para salvar su vida, y vino <u>a Beerseba, que está en Judá, y dejó allí a su criado</u>. Y él se fue por el desierto un día de camino, y vino y se sentó debajo de un enebro; y deseando morirse, dijo: basta ya, oh Jehová, quítame la vida, pues no soy yo mejor que mis padres".

Ante la sentencia de Jezabel, Elías se desvió del camino ya que vio las circunstancias, escuchó el decreto de muerte en lugar de la Voz de Dios.

La sentencia de Jezabel provocó en Elías:

1. Temor, el cual siempre provoca tres cosas:
   - Paralización.
   - Retroceso.
   - Desviación del camino.
2. Aislamiento.
3. Deseos de muerte.
4. Se metió en una cueva (apagar los dones proféticos).

La palabra de corrección llegó cuando Elías había perdido completamente el rumbo del propósito de Dios. Para él sólo existía una salida, la muerte.

Elías estaba tan sumergido en la sentencia (palabra de mentira) que le llevó al error (sólo yo he quedado) y la operación de las tinieblas (el deseó morir) sobre su vida. Dios es un Padre Bueno, que llega hasta donde él está, no existe lugar donde Su palabra no nos alcance.

En medio de la cueva acontece lo siguiente: Dios le confronta por medio de Su Voz y lo re-direcciona:

1. Lo confronta con su posición actual, ¿qué haces aquí?
2. Lo confronta con su condición y le da una experiencia nueva con Su Voz.
3. Lo confronta con la mentira (sólo he quedado yo).
4. Le re-posiciona y re-direcciona al cumplimiento.

Ahora veamos a alguien que está completamente fuera de lugar.

Aquí sencillamente estamos caminando por donde creemos es lo correcto y quizás seamos los únicos en creer que estamos bien. Aquí se vive bajo el error y los principios de religiosidad creyendo que lo que estamos haciendo, nuestra adoración y nuestro servicio a Dios, es lo mejor. Al no estar alineados a la verdad nos alineamos a la mentira. Nadie que vive en una mentira sabe que está viviendo en ella. Solamente la Voz de Dios puede hacer que cambiemos de lugar.

Veamos el ejemplo de Saulo:
1. Fue humillado (no fue voluntario).
2. No conocía la Voz de Dios.
3. Al reconocer la Voz de Dios, se humilla y pide dirección.
4. Espera en Dios.
5. Es alineado a una verdad que no conocía.
6. Es posicionado en su destino.

Hechos 9:3-6 RV60 "Mas yendo por el camino, aconteció que, al llegar cerca de Damasco, repentinamente le rodeó un resplandor de luz del cielo; y cayendo en tierra, oyó una voz que le decía: Saulo, Saulo, ¿por qué me persigues? él dijo: ¿quién eres, Señor? Y le dijo: yo soy Jesús, a quien tú persigues; dura cosa te es dar coces contra el aguijón. Él, temblando y temeroso, dijo:

Señor, ¿qué quieres que yo haga? Y el Señor le dijo: levántate y entra en la ciudad, y se te dirá lo que debes hacer".

En Su Voz somos establecidos en una nueva dimensión, dinámica del cambio constante.

Existe un principio de renovación constante, solamente Su Voz nos lleva a este proceso. Si fallamos en este proceso nos estancamos y no podemos avanzar al cumplimiento del destino.

La revelación de Su Voz siempre nos lleva de una dimensión menor a una mayor, Su deseo es siempre crecimiento y mayor fruto.

Proverbios 4:18 RV60 "Más la senda de los justos es como la luz de la aurora, que va en aumento hasta que el día es perfecto".

Entre más escuchamos Su Voz y vivimos por ella, se vuelven una realidad vivencial en el proceso del cambio y en la renovación de nuestras vidas; y podemos decir que las cosas viejas pasaron y que las cosas nuevas son establecidas.

Las cosas nuevas no vienen mezcladas con las viejas, las cosas viejas deberán haberse ido primero. No se pone vino nuevo en un odre viejo.

El proceso de más fruto es un proceso de permanencia, lo que quiere decir escuchar y vivir por Su palabra.

Juan 15:10 "Si guardareis mis mandamientos, permaneceréis en mi amor; así como yo he guardado los mandamientos de mi Padre, y permanezco en su amor". Desde este punto de permanencia podemos ir creciendo hasta dar mucho fruto, ya que este es el deseo del Padre.

Juan 15:1-11 "Yo soy la vid verdadera, y mi Padre es el labrador. Todo pámpano que en mí no lleva fruto, lo quitará; y todo aquel que lleva fruto, lo limpiará, para que lleve más fruto. Ya vosotros estáis limpios por la palabra que os he hablado. Permaneced en mí, y yo en vosotros. Como el pámpano no puede llevar fruto por sí mismo, si no permanece en la vid, así tampoco vosotros, si no permanecéis en mí. Yo soy la vid, vosotros los pámpanos; el que permanece en mí, y yo en él, éste lleva mucho fruto; porque separados de mí

nada podéis hacer. El que en mí no permanece, será echado fuera como pámpano, y se secará; y los recogen, y los echan en el fuego, y arden. Si permanecéis en mí, y mis palabras permanecen en vosotros, pedid todo lo que queréis, y os será hecho. En esto es glorificado mi Padre, en que llevéis mucho fruto, y seáis así mis discípulos. Como el Padre me ha amado, así también yo os he amado; permaneced en mi amor. Si guardareis mis mandamientos, permaneceréis en mi amor; así como yo he guardado los mandamientos de mi Padre, y permanezco en su amor. Estas cosas os he hablado, para que mi gozo esté en vosotros, y vuestro gozo sea cumplido".

Proceso de Productividad

El proceso de productividad está basado en la permanencia, quiere decir que cuanta más permanencia tengamos produciremos mayor fruto. Permanencia es asentimiento, vivencia y confianza en Su Voz.

Entre más capacidad de escuchar Su Voz, mayor capacidad de producir fruto y para esto hemos sido puestos, para dar fruto y fruto en abundancia.

1. El que no lleva fruto.

Son aquellos donde la palabra no encuentra un lugar, por lo tanto, no pueden permanecer en los aspectos que la palabra anunció por lo tanto no pueden dar fruto en ella.

2. El que lleva fruto.

Son aquellos que aceptan la palabra y dan un fruto inicial en la palabra, están caminando en ella. Pero sólo es solo una primicia, desde este punto debemos enfrentar la decisión del cambio.

3. El que está siendo limpiado por la palabra.

Son aquellos que, al dar fruto, la palabra misma los confronta (prueba) hacia un estado de transformación mayor con un potencial de mayor productividad.

4. El que lleva más fruto.

Cuando la palabra encuentra la actitud correcta, se unen el proceso y el tiempo (con fe y paciencia se heredan las promesas) para una manifestación de las palabras de Dios en plenitud.

6.

REQUISITOS PARA ESCUCHAR LA VOZ DE DIOS

El principio de un corazón limpio (la parábola del sembrador)

Mateo 13:3-9 "Y les habló muchas cosas por parábolas, diciendo: he aquí, el sembrador salió a sembrar. Y mientras sembraba, parte de la semilla cayó junto al camino; y vinieron las aves y la comieron. Parte cayó en pedregales, donde no había mucha tierra; y brotó pronto, porque no tenía profundidad de tierra; pero salido el sol, se quemó; y porque no tenía raíz, se secó. Y parte cayó entre espinos; y los espinos crecieron, y la ahogaron. Pero parte cayó en buena tierra, y dio fruto, cuál a ciento, cuál a sesenta, y cuál a treinta por uno. El que tiene oídos para oír, oiga".

Vemos que la palabra del Señor es como la semilla que es sembrada, siempre buscando un lugar donde enterrarse para producir una respuesta de acuerdo a la naturaleza de esa semilla. Existen diferentes tipos de semillas, es decir diferentes propósitos de la palabra. Nuestro corazón es el campo donde esa semilla es sembrada y vemos diferentes tipos de tierra en los corazones de las personas.

Dios siempre da una palabra y espera que esa palabra venga a cumplimiento, pero la responsabilidad de dar fruto no es de Dios, la responsabilidad de la respuesta a esa palabra es nuestra. Para recibir la palabra es necesario un corazón listo y limpio, la necesidad de una tierra preparada es vital para la aceptación y asimilación de la semilla con la tierra (corazón) y dar inicio al proceso de muerte para vida, donde todo es absorbido por la verdad de la semilla. Así da inicio el ciclo de la reproducción de la semilla en el corazón del hombre. Es asimilada por la vida del hombre y donde no existía nada, ahora, por la palabra (semilla) se crea algo nuevo.

Tipos de tierra en nuestro corazón:

1. Junto al camino: esto nos habla de una actitud de corazón que al llegar la palabra con facilidad es robada por el enemigo debido a:
   - Afectos y deseos que están en las cosas terrenales más que en las celestiales (**1 Juan 2:15**).
   - Intenciones erróneas (**Hechos: 8:21**).
   - Incredulidad **(Hebreos 3:19).**
   - Doble ánimo.
   - Desobediencia.
   - Prejuicios teológicos.
   - Falta de renovación de la mente.

2. Pedregales: esto nos habla de un corazón sin profundidad o con falta de sinceridad, donde al llegar el momento de la prueba a causa de la palabra, la palabra es abortada.
   - Problemas emocionales (falta de sanidad emocional).
   - Iniquidades y ciclos repetitivos de pecados.
   - Ligaduras con el pasado.
   - Resistencia al cambio (la palabra produce cambio).

3. Espinos: este tipo de tierra nos habla de una tierra que no ha permitido limpieza; este es un

corazón dividido, donde se pretende tener dos tipos de cultivos. No se puede servir a dos **señores**.

- Nuestras motivaciones son impuras como las de Balaán, quien cambió los dones de Dios por dinero, fama y prestigio **(Números 22, 23,24)**.
- Afanes de este mundo.

1 Timoteo 6:9-10 "Porque los que quieren enriquecerse caen en tentación y lazo, y en muchas codicias necias y dañosas, que hunden a los hombres en destrucción y perdición; porque raíz de todos los males es el amor al dinero, el cual codiciando algunos, se extraviaron de la fe, y fueron traspasados de muchos dolores".

4. Tierra fértil: al ver la parábola del sembrador en el evangelio, vemos características que van agregando, dándonos un cuadro completo de lo que es un corazón fértil.
   - **Mateo 13:23**, oye y entiende.
   - **Marcos 4:20**, oye y recibe.
   - **Lucas 8:15,** corazón bueno y recto retienen **(poseer, enfilar hacía, mantener firme,**

apoderarse) la palabra oída y dan fruto con perseverancia.

La tierra fértil es un corazón entendido u oyente, es un corazón que escucha y responde en obediencia.

2 Crónicas 34:27 RV60 "Y tu corazón se conmovió, y te humillaste delante de Dios al oír sus palabras sobre este lugar y sobre sus moradores, y te humillaste delante de mí, y rasgaste tus vestidos, y lloraste en mi presencia, yo también te he oído, dice Jehová".

INTIMIDAD CON DIOS
Jeremías 23:18 "Porque ¿quién estuvo en el secreto de Jehová, y vio, y oyó su palabra? ¿Quién estuvo atento a su palabra, y la oyó?"

La palabra secreto proviene de la palabra en hebreo "**Sod**" que significa: intimidad, planes secretos o confidenciales; comunicación secreta o confidencial, consejo, secreto; reunión; círculo.

Debemos cultivar tiempos de intimidad con Dios donde iremos aprendiendo a escuchar Su Voz. Recuerde, Dios desea hablar con Sus hijos, prepare:

- Tiempos de quietud, **Salmo 37:7** "Guarda silencio ante Jehová, y espera en Él".
- Tiempos de espera y atención, **Isaías 28:23** "Estad atentos, y oíd mi Voz; atended, y oíd mi dicho".

7.

LA VOZ PROFÉTICA

La principal función profética de la Voz de Dios es anunciar lo que se encuentra en la mente, el corazón y la agenda de Dios.

1. Su corazón nos habla de Su deseo para Su pueblo.
2. La mente nos habla de Sus planes y propósitos.
3. La agenda habla del tiempo específico para el cumplimiento de los planes, propósitos y deseos de Dios sobre Su pueblo.

Podemos decir que la voluntad de Dios es la suma de los deseos de Dios (corazón), la mente de Dios (planes y propósitos) y la agenda de Dios (tiempo y ocasión).

Cabe señalar que existen dos tipos de voluntades en Dios, una es la voluntad inamovible e incambiable, es la soberana voluntad de Dios; el plan determinado por Dios para el universo y que no es afectado por las decisiones del hombre; pero también existe la voluntad individual de Dios que es el plan detallado de Dios para cada individuo y es afectado por las decisiones del hombre.

La voz profética debe tomarse como la expresión de la misma Voz de Dios, debe ser tomada con seriedad y entendiendo que ésta es la expresión de la voluntad de Dios para un individuo, y que puede ser afectado el cumplimiento de la misma por las acciones de los individuos. La certeza del cumplimiento radica en la obediencia y aplicación de las palabras.

La voz profética viene para expresar la voluntad de Dios, sea personal o colectiva, y en este proceso la palabra profética (Voz de Dios) nos habla con un triple propósito para garantizar el cumplimiento de aquello que Dios habló y que podamos ajustarnos y caminar en aquellas cosas habladas.

1 Corintios 14.3 "Pero el que profetiza habla a los hombres para edificación, exhortación y consolación".
1. Edificar= construir, fortalecer, hacer más efectivo.
2. Exhortar= estimular, animar, amonestar.
3. Consolar= alentar.

Edificar, viene de la palabra griega **oikodomen** que significa desarrollar, construir, levantar, fortaleciendo. Es una palabra compuesta de dos palabras muy singulares, la primera es **oíkos** que implica familia y la segunda es **démo** que implica arquitectura (construir); propiamente edificio, es decir (específicamente) techo: azotea, casa).

Entonces, la voz profética viene para levantar de una condición a otra (el deseo de Dios). Viene para construir una visión, crear una plataforma que nos conecta a la promesa futura. **Oikodomen** plantea lo que Dios quiere hacer conmigo más adelante, establece el propósito frente a nosotros.

Exhortar, viene de la palabra griega **paráklesis** que significa imploración, exhortación, confortar, consolación. Esta palabra tiene como raíz la palabra griega **parakaléo** que significa invitar, invocar (por imploración, exhortación o consolación): orar, presentar, rogar, alentar, amonestar, animar, confortar, consolación, consolar, exhortación, exhortar, exigencia. Es una palabra compuesta de dos palabras, la primera es la palabra griega **para** que significa estar al lado de; y la segunda es la palabra griega **kaleo** que significa mandar, traer orden, encomendar, apremiar a alguien a seguir un curso de acción o de conducta.

La aplicación entonces es la de traer un orden, una corrección, limpiando el camino y de activar a alguien para seguir un curso de acción. Generalmente, es una palabra que refuerza o corrige lo que fue anticipado y mostrado por la palabra profética de edificación.

Consolar, es la traducción de la palabra griega **paramudsía** (consolación), cuya raíz es la palabra griega **paramudséomai** que es una palabra compuesta; la primera es la palabra griega **para** que significa estar al lado de; la segunda es la palabra griega **muéo** que significa enseñar, instruir por completo y confirmar.

La aplicación es entonces hablar, relacionarse de cerca con alguien para confirmarlo y afirmarlo.

Proverbios 29:18 RV60 "Sin profecía el pueblo se desenfrena; mas el que guarda la ley es bienaventurado".

Debemos comprender que lo profético tiene algunas singularidades, y entre más comprendamos los elementos singulares más nos acercaremos al cumplimiento de las palabras proféticas.

Singularidades de las Palabras Proféticas

1. Lo profético habla de una posibilidad.
2. Cada palabra profética tiene su tiempo
3. Cada palabra genera un proceso.
4. Cada palabra es complemento de otra hasta llevarnos al diseño.

Lo profético habla de una posibilidad

Lo profético en este nivel habla de una posibilidad, puede ser individual o colectiva, de algo que puede acontecer, no de algo inevitable, al contrario de la voluntad soberana de Dios que es incambiable e inevitable.

Es decir, que al recibir una palabra me hago responsable ante el Señor por el cumplimiento de la misma. Es mi respuesta lo que determinará si se cumple o no. No hay profecías incondicionales, la profecía personal se refiere a la posibilidad, no a lo inevitable.

Toda profecía personal tiene un imperativo moral, la palabra personal debe generar una respuesta. Hubo ocasiones de sentencias, juicios de parte de Dios, pero una acción de arrepentimiento cambió la sentencia de Dios. Esto nos muestra la posibilidad del cambio y la oportunidad de Dios en relación a nuestras acciones.

1 Reyes 21:27-29 RV60 "Y sucedió que cuando Acab oyó estas palabras, rasgó sus vestidos y puso cilicio sobre su carne, ayunó, y durmió en cilicio, y anduvo humillado. Entonces vino palabra de Jehová a Elías tisbita, diciendo: ¿No has visto cómo Acab se ha humillado delante de mí? Pues por cuanto se ha humillado delante de mí, no traeré el mal en sus días; en los días de su hijo traeré el mal sobre su casa".

Cada palabra profética tiene su tiempo.

Debemos aprender a discernir el tiempo del cumplimento, hay palabras que no son para ahora, son palabras que se establecen como un puente desde el presente como una carretera hacia el futuro, entender esto nos garantiza la actitud correcta, una actitud de espera en adoración.

Tenemos que entender los tiempos donde residen las palabras proféticas (**1 Crónicas 12:32),** (entendidos en los tiempos) ya que los tiempos determinan acciones.

1. Pasado (debe ser aplicativo para el presente- futuro).

2. Ahora (generalmente para confirmar o corregir el curso de acción).

3. Futuro.

Cada palabra genera un proceso.

En el proceso del cambio somos transformados a la esencia misma de la palabra. El grano de trigo debe morir, es decir, la palabra debe hacer morir lo terrenal y lo viejo para poder reproducir Su esencia en nosotros.

Jeremías 23:29 RV60 ¿No es mi palabra como fuego, dice Jehová, y como martillo que quebranta la piedra?

Cada palabra es complemento de otra hasta llevarnos al diseño.

Lo profético es un todo, pero una palabra profética es incompleta, la visión general se va desarrollando con el tiempo y en unión de un conjunto de palabras proféticas.

Debemos comprender que en parte conocemos y en parte profetizamos, así como cada palabra se edifica sobre la anterior, vemos que existen palabras de: confirmación, instrucción y palabras que traen una nueva revelación.

8.

OPERACIONES DE LA VOZ PROFÉTICA

Así como lo profético tiene sus singularidades, también posee funciones específicas para poder llevar a cabo el propósito de Dios de acuerdo a lo anunciado por Su Voz.

Las funciones u operaciones proféticas se refieren a la capacidad de generar y producir lo que la Voz de Dios desea, mediante la unión del propósito y el tiempo de Dios junto a nuestra respuesta a dicha palabra.

Algunas operaciones que la voz profética genera son:
- La voz profética es generadora de visión.
- La voz profética es generadora de movimiento.
- La voz profética es generadora de restauración (odres nuevos).

- La voz profética abre un nuevo tiempo.

LA VOZ PROFÉTICA GENERADORA DE VISIÓN

Proverbios 29:18:

"Donde no hay visión, el pueblo se desenfrena".

¿Qué es la visión? Pudiera decirse que es ver desde la perspectiva de Dios, ver el lugar, la promesa, la provisión, el destino de Dios para su vida. La visión de Dios está basada en Dios, no en usted. Proviene de Dios y solamente por medio de Él podremos alcanzarla.

Génesis 12:1-3 "Pero Jehová había dicho a Abram: vete de tu tierra y de tu parentela, y de la casa de tu padre, a la tierra que te mostraré. 2 y haré de ti una nación grande, y te bendeciré, y engrandeceré tu nombre, y serás bendición. Bendeciré a los que te bendijeren, y a los que te maldijeren maldeciré; y serán benditas en ti todas las familias de la tierra".

La visión tiene algunas características

- Te lleva a un lugar que no conoces (Su Voz se convierte en todo lo que necesitas).

Tomando el ejemplo de Abram, Dios le habla y le da una visión, la cual le llevará a un lugar que no conoce, sólo la confianza plena y el compromiso de obediencia a Su Voz determinan el éxito del viaje.

- Te lleva a un lugar donde no puedes hacer nada en tus fuerzas (Su Voz se convierte en tu fortaleza).

Abram esperó el cumplimiento de la palabra durante casi 25 años, cuando sus fuerzas se fueron, siguió confiando y creyendo en la promesa. La Voz de Dios se convirtió en la fuerza que necesitó para ver el cumplimiento de la promesa (visión) **(Romanos 4:17-22).**

- Le posiciona en un lugar donde no tiene provisión (Su Voz se convierte en tu provisión).

Abram fue llevado a un lugar donde teniendo todo no tenía nada. En medio de su decisión de obedecer la Voz de Dios tiene un encuentro con el Dios Proveedor, su perspectiva de vida cambió, así como la marca generacional de bendición.

La Voz Profética es generadora de Movimiento

El movimiento es parte de la visión, nos provee la dirección precisa de hacia dónde vamos y cómo llegamos. Cuando no tenemos visión sólo estamos generando actividades sin dirección. Es vital tener un panorama claro, una visión precisa del dónde para poder poner en marcha las ruedas del movimiento. Todo movimiento debe ser preciso, si no, sólo estaremos dando vueltas sin resultados, lo que genera cansancio, fatiga y frustración.

El movimiento es la respuesta a la Voz de Dios y puede ser:

- Esperar.
- Avanzar.
- Detenerse.
- Una respuesta.
- Retroceder.

1 Reyes 19:15 RV60 "Y le dijo Jehová: ve, vuélvete por tu camino, por el desierto de Damasco; y llegarás, y ungirás a Hazael por rey de Siria".

La palabra profética nos indica hacia dónde vamos y ponemos en acción todos los recursos para llegar al destino que se nos ha trazado.

Génesis 12:4 RV60 "Y se fue Abram, como Jehová le dijo; y Lot fue con él. Y era Abram de edad de setenta y cinco años cuando salió de Harán".

La Voz Profética es generadora de Restauración

Una palabra profética es la Voz de Dios que busca restaurar y crear una estructura nueva (odres nuevos). Para esto debemos estar conscientes de que Su Voz genera visión y movimiento, lo cual es nuestra respuesta.

Nuestra respuesta está asociada con la capacidad de transformación, cambio y asimilación de lo nuevo.

El proceso de transformación y renovación de la mente se inicia con la Voz de Dios. La Voz de Dios siempre nos confronta para llevarnos a algo nuevo y mejor.

El proceso de transformación de la mente es algo que debe ser constante, progresivo y continúo; si fracasamos en este proceso, estaremos estancados en las viejas costumbres y las viejas formas de hacer las cosas. La única manera de comprobar la voluntad de Dios es renovando nuestro entendimiento, permitiendo que Su Voz rompa las viejas estructuras y los viejos paradigmas que forman nuestro sistema de valores y que han definido lo que somos y lo que poseemos.

Las estructuras mentales o paradigmas definen:

- Mi identidad.
- Mi herencia.
- Posición y diseño.

El proceso de transformación comienza con la Voz de Dios y nos lleva a un proceso de confrontación con lo viejo. La confrontación de los viejos sistemas de pensamientos, las viejas doctrinas e ideas nos llevan a una decisión, continuamos en lo mismo o tomamos la revelación y avanzamos en lo nuevo.

Esta decisión nos lleva al establecimiento de un nuevo patrón de conducta, que poco a poco va absorbiendo los viejos sistemas hasta que lo nuevo es establecido.

Proceso de la Transformación y de la Renovación:
- Revelación (Voz de Dios).
- Confrontación.
- Decisión.
- Transformación de los pensamientos.
- Renovación.

La Voz Profética Provoca la Apertura de un Nuevo Tiempo

Isaías 43:19 RV60 "He aquí que yo hago cosa nueva; pronto saldrá a luz; ¿no la conoceréis? Otra vez abriré camino en el desierto, y ríos en la soledad".

Dios siempre está generando cosas nuevas y parte de la función profética es el anuncio de un nuevo tiempo. Los nuevos tiempos siempre deben ser acompañados de nuevas acciones.

Las nuevas acciones determinan el avance en el nuevo tiempo.
- Tiempo de cerrar las puertas del pasado.

- Tiempo de transición.
- La voz profética se convierte en una plataforma para el futuro.

TIEMPO DE CERRAR LAS PUERTAS DEL PASADO

Tenemos que comprender que Dios es un Dios Generador de futuro, donde el presente, es la oportunidad en Dios para cerrar la puerta del pasado y poder ser establecidos en la verdad presente. Hay un poder en el pasado que nos ata y nos impide avanzar al futuro. El enemigo pretende mantenernos atados a ciclos repetitivos, a experiencias, recuerdos, dolor, sentimientos de rechazo, soledad; y envía demonios para perpetuar el "statu quo", la perpetuidad de las maldiciones y de los ciclos generacionales.

Nos sorprenderíamos de ver cuánta influencia tiene el pasado en nuestro presente y en la perspectiva de cómo esperamos el futuro. Puede ser una fuerza que nos arrastra y nos hace permanecer en él, robando la expectativa de lo nuevo y encerrándonos en ciclos de fracaso.

Áreas donde el pasado incide en nuestras vidas:

- Pensamientos.
- Doctrina.
- Emociones.
- Fe.

Los pensamientos

Proverbios 23:7 "Porque cuál es su pensamiento en su corazón, tal es él".

Nosotros somos lo que pensamos. Los pensamientos están formados de experiencias pasadas, sumadas a las presentes.

Las experiencias establecen paradigmas mentales (estructuras de pensamientos) que nos hacen vivir de cierta manera (así nací y así moriré).

Los pensamientos afectarán:

- Mis relaciones.

1. Mi manera de relacionarme con Dios que, a su vez, afectará mi posición ante Dios.

Las diferentes posiciones que puedo tener ante Dios son:

- Posición de conocido.
- Posición de siervo.
- Posición de hijo heredero.

2. La manera de relacionarme con mis hermanos.
3. Mi manera de reaccionar ante las circunstancias sociales.

Doctrina

La gente se admiraba de la doctrina de Jesús, la razón de esto era, que la doctrina de Jesús estaba fundamentada en una relación constante, y por lo tanto una revelación constante fluía en Él. Sin una revelación constante la doctrina se convierte en una posición de ritos y formas que no pueden expresar la vida de Jesús, porque está fundamentada en una verdad pasada. **Juan 14:10 RV 60** "Las palabras que yo os hablo, no las hablo por mi propia cuenta".

Emociones

Debemos hacer frente a las situaciones del ayer, y salir de todas las situaciones que han provocado heridas emocionales. El permanecer en las heridas nos garantiza una esclavitud permanente.

El rechazo, falta de perdón, amargura etc. se convierten en nuestros dueños, reviviendo y repitiendo los ciclos día tras día.

Fe

Nuestra fe se ve afectada cuando estamos atados a los ciclos del pasado, la fe tiene un término. La fe es para heredar y poseer, es decir, que nuestra fe debe ir en aumento, debe ir creciendo, así como Jesús explica la semilla de mostaza que es la más pequeña de las semillas, pero crece hasta llegar a ser un árbol. Las ataduras del pasado nos mantienen unidos a las experiencias del ayer, por lo tanto, la referencia del ayer es la medida de la fe que experimentamos hoy.

Si vivo en el ayer pierdo la expectativa de lo nuevo de Dios en mi vida, el odre viejo contiene vino viejo. La Escritura nos habla constantemente de la necesidad de ser renovados y restaurados.

El que vive en el pasado tendrá las siguientes características:

1. Vida en el desierto- estéril – desolado.

2. No podrá ver la bendición de Dios. Dios es un Dios que trabaja presente-futuro. Sus experiencias pasadas son sólo eso, experiencias.
3. Se vive en el temor- esclavitud.

Razones por las cuales somos atados al pasado:

- Pérdida de la intimidad con Dios.
- Falta de sanidad emocional.
- Falta de renovación de la mente.
- Carencia de visión.
- Inconformidad con el presente.
- Iniquidad (ciclos repetitivos de pecado).

Este tiempo, es un tiempo de sanidad emocional: sin la sanidad del alma permanecemos atados perpetuamente a las experiencias traumáticas que marcaron nuestra vida. Una de las claves de la sanidad emocional es vivir en el perdón.

Tiempo de libertad:

- Es tiempo de ser libre de la culpa y de la condenación.
- Es tiempo de ser libre de malas relaciones.

- Es tiempo de ser libre de la influencia de la iniquidad.
- Es tiempo de ser libre de los ciclos repetitivos de fracaso.
- Es tiempo de ser libre de la religiosidad.
- Es tiempo de ser libre de la falta de visión.
- Es tiempo de romper con el estancamiento y el doble ánimo.

Tiempo de romper con la identidad del pasado: al no tener nuestra identidad de acuerdo al diseño con el que Dios nos creó **(Efesios 2:10)**, asumimos una identidad que no es la nuestra, la cual dependerá de las circunstancias donde nos desarrollemos.

Tiempo de transición

La transición es la acción y el resultado de pasar de un estado o modo de ser a otro distinto. Al cerrar las puertas del pasado podemos avanzar hacia el destino y la plenitud que Dios diseñó para nosotros.

Es importante, vital y trascendental el poder entender los procesos en el tiempo.

Los tiempos de transición incluyen:

1. La remoción de las cosas removibles.

No podemos construir desde la base de las cosas viejas, lo viejo está por desaparecer. Nuevos odres se preparan para recibir el vino nuevo. Dios siempre hace nuevas todas las cosas y lo que el Padre no plantó debe ser desarraigado.

- Romper las estructuras religiosas **(Mateo 9:16-17).**
- Dejar las vestiduras viejas (formas y maneras).
- Renovar el odre viejo (estructuras y modelos).

El vino nuevo debe ser puesto en odres nuevos; esto nos habla de una nueva estructura capaz de contener el nuevo mover, la nueva revelación y la dimensión de gloria para este tiempo.

Consideraciones en relación a los odres.

Lo que hoy es un odre viejo, hace un tiempo fue un odre nuevo.

El odre nuevo de hoy, si no se renueva constantemente se hará un odre viejo (concepto de renovación constante).

Muchas veces este proceso de renovación incluirá la reforma (inclusión o remoción de cosas dentro de nuestro sistema de valores y creencias). El proceso final es llevarnos a la restauración.

2. Re-alineamiento con la palabra.

- Romper con la identidad del pasado.

Desde la identidad que se generó en la base del ayer, la verdad religiosa, los traumas, las heridas y los ciclos generacionales, no podremos poseer la verdad profética del tiempo presente.

- Tiempo para generar una nueva identidad.

Existe una nueva identidad la cual vamos renovando de revelación en revelación, de imagen a imagen hasta adquirir la plenitud de la identidad del Hijo **(2 Corintios 3:18)**.

- El Espíritu del Padre rompe con la orfandad del sistema religioso.

Al conocer la verdad del Padre, el espíritu de orfandad es quebrado, somos libres para expresar la naturaleza de hijos.

- El Espíritu del Padre nos redime con un nombre nuevo.

El padre nos provee un nuevo nombre, una nueva identidad una nueva naturaleza, la simiente de Dios es establecida en nuestro interior. Ya no vivo yo, más Cristo vive en mí.

3. Establecimiento

La oración de Jesús fue "sea en la tierra como es en el cielo". Una de las funciones proféticas es la de establecer el modelo del cielo en la tierra. El establecimiento incluye la capacidad de comprender de forma corporal e individual la iglesia en su:

- Identidad.
- Posición.
- Función o propósito.

4. Proyección del Reino

El Reino es manifestado cuando establecemos la iglesia en su identidad correcta, siendo el reflejo de Jesús en la tierra.

La Voz Profética se Convierte en una Plataforma para el Futuro

La Voz de Dios siempre desea expresar los deseos de Dios (Su corazón), la mente de Dios (Sus planes), y la agenda de Dios (Su tiempo y ocasión), a esto le llamamos la voluntad de Dios.

Muchas veces sólo conocemos el deseo del corazón de Dios, que es darnos un futuro, darnos bien, prosperarnos, liberarnos etc., pero desconocemos el plan de Dios, el medio, la estrategia para poder desarrollar ese deseo y aún más, fallamos en comprender los tiempos y la ocasión de Dios (agenda de Dios).

Si sólo vivimos por Su deseo, caemos en la trampa del misticismo subjetivo y no a la realidad práctica y vivencial de Sus planes y proyectos en el tiempo determinado. El reino es un proyecto de ejecución obediente de Su deseo.

Hebreos 10:7-10 RV60 "Entonces dije: he aquí que vengo, oh Dios, para hacer tu voluntad, como en el rollo del libro está escrito de mí. Diciendo primero: sacrificio y ofrenda y holocaustos y expiaciones por el pecado no quisiste, ni te agradaron (las cuales cosas se ofrecen según la

ley), y diciendo luego: he aquí que vengo, oh Dios, para hacer tu voluntad; quita lo primero, para establecer esto último. En esa voluntad somos santificados mediante la ofrenda del cuerpo de Jesucristo hecha una vez para siempre".

Por ejemplo, Dios deseó a causa de su amor salvar al mundo y por ese deseo puso un plan de acción y envió a Jesús en el tiempo del cumplimiento para llevar a cabo ese deseo (la voluntad de Dios es expresada).

La voz profética se convierte en el puente de unión entre su presente y su futuro, uniendo el deseo y el plan perfecto de Dios.

1. Provee entendimiento del tiempo.
   - Le da la habilidad de hacer las correcciones necesarias.
   - Le da la oportunidad de crecer y madurar para llegar a la estatura de la palabra.
   - Redime el tiempo.
   - Acelera los tiempos.
2. Crea el camino para tu desarrollo.

- Establece una plataforma profética (rompecabezas, genera dependencia de Su Voz) somos edificados por Su Voz.
- Trae corrección, dirección y edificación.
- Destruye paradigmas y patrones religiosos (reforma).

3. Construye una perspectiva de futuro.

- La palabra profetizada nos conecta con la verdad del futuro y nos permite construir un puente donde se une su presente con su futuro.

4. Le da la habilidad de una aplicación práctica y realizable de lo imposible.

Por imposible que parezcan las cosas habladas, la Voz de Dios conectada con la fe genera un movimiento sobrenatural que trasciende a la esfera natural, rompiendo esta esfera y trayendo a la luz lo sobrenatural. Lo imposible se hace posible cuando caminamos en lo profetizado.

9.

ALINEÁNDONOS CON LA PALABRA

2 Pedro 1:20-21 RV60 "Entendiendo primero esto, que ninguna profecía de la Escritura es de interpretación privada, porque nunca la profecía fue traída por voluntad humana, sino que los santos hombres de Dios hablaron siendo inspirados por el Espíritu Santo".

Todos esperamos el cumplimiento de palabras proféticas, muchas las hemos descartado pensando que nunca se cumplirán; otras sencillamente las hemos guardado y pensamos que sea lo que Dios quiera; y otras ya ni siquiera las consideramos, las hemos olvidado.

Debemos considerar que, si las palabras proféticas fueron genuinas, Dios las dio con la intención de que se cumplan de acuerdo a Su plan y propósito.

Todo lo que Dios habla es verdad, sea cual sea el vaso, si la palabra proviene de Dios es verdadera. Ahora bien, toda palabra espera una respuesta de nosotros, debemos hacer los ajustes necesarios para llevar a cabo el cumplimiento de las palabras. Recuerde que cada palabra tiene un componente moral que demanda una respuesta, algún ajuste de nuestra parte.

Isaías 28:23-29 RV60 "Estad atentos, y oíd mi voz; atended, y oíd mi dicho. El que ara para sembrar, ¿arará todo el día? ¿Romperá y quebrará los terrones de la tierra? Cuando ha igualado su superficie, ¿no derrama el eneldo, siembra el comino, pone el trigo en hileras, y la cebada en el lugar señalado, y la avena en su borde apropiado? Porque su Dios le instruye, y le enseña lo recto; que el eneldo no se trilla con trillo, ni sobre el comino se pasa rueda de carreta; sino que con un palo se sacude el eneldo, y el comino con una vara. El grano se trilla; pero no lo trillará para siempre, ni lo comprime con la rueda de su carreta, ni lo quebranta con los dientes de su trillo. También esto salió de Jehová de los ejércitos, para hacer maravilloso el consejo y engrandecer la sabiduría".

Para poder ver las palabras proféticas cumplidas, a continuación, hay algunos puntos que considerar:
1. Espíritu de Sabiduría y Revelación
2. La Revelación
3. La Interpretación
4. La Aplicación

Espíritu de Sabiduría y de Revelación (Efesios 1:16-23).

Isaías 11:2 RV60 "Y reposará sobre él el Espíritu de Jehová; espíritu de sabiduría y de inteligencia, espíritu de consejo y de poder, espíritu de conocimiento y de temor de Jehová".

Aquí estamos hablando de dos de los siete espíritus de Dios. La lámpara del Eterno debe ser encendida en nuestro interior y que alumbre de Su plenitud.

Es necesario recibir el espíritu de sabiduría, no podemos operar desde un espíritu de ignorancia, la ignorancia es el terreno del enemigo.

El Espíritu de Sabiduría provoca:

- Santidad: el principio de la sabiduría es el temor de Dios.
- La habilidad de conocer Sus palabras (discernir si es Su Voz).
- Que encontremos conocimiento o aplicación del bien y del mal.
- Un fundamento estable.

Santiago 1:5 RV60 "Y si alguno de vosotros tiene falta de sabiduría, pídala a Dios, el cual da a todos abundantemente y sin reproche, y le será dada".

La Revelación

La revelación es la capacidad de descubrir una verdad que está oculta, es una verdad espiritual y por ser espirituales sólo pueden ser recibidas desde la esfera del Espíritu.

Deuteronomio 29:29 RV60 "Las cosas secretas pertenecen a Jehová nuestro Dios; mas las reveladas son para nosotros y para nuestros hijos para siempre, para que cumplamos todas las palabras de esta ley".

En el Reino de Dios todo es dado por la revelación; sin revelación seremos como ciegos, el hecho de poseer la Biblia no nos hace poseedores de la verdad de Su Voz. Necesitamos tener el espíritu de la palabra activado en nosotros, nuestros ojos abiertos a las verdades espirituales. Todas las cosas secretas son de Dios, más las reveladas son para nosotros.

- Debemos comprender las diferentes formas de revelación.

Dios habla de muchas formas, no debemos cerrarnos a las posibilidades de que la multiforme sabiduría de Dios pueda ser manifestada en una o varias de sus formas en nuestras vidas.

Lo profético puede ser expresado:

- Los profetas, **Efesios 4:11** (algunos en el cuerpo).
- El don de profecía, **1 Corintios 12:10** (muchos en el cuerpo).
- Los dones de discernimiento, **1 Corintios 12:10** (muchos en el cuerpo).
- El espíritu de la profecía, **Apocalipsis 19:10** (todos en el cuerpo).
- Sueños y visiones, **Hechos 2:16-17** (muchos en el cuerpo).

La Interpretación.

La interpretación es importante para manifestar la verdad deseada. Muchas palabras genuinas han sido en parte cumplidas porque fueron interpretadas de forma incompleta. Y muchas palabras genuinas han sido juzgadas como falsas a causa de una mala interpretación.

La interpretación correcta nos garantiza la aplicación plena y una respuesta apropiada a lo profetizado.

La Aplicación.

1 Timoteo 1:18 RV60 "Este mandamiento, hijo Timoteo, te encargo, para que conforme a las profecías que se hicieron antes en cuanto a ti, milites por ellas la buena milicia".

En relación a la aplicación de la palabra profética vamos a considerar los siguientes aspectos:
- Aceptación de la palabra.
- Asimilación de la palabra.
- Ejecución y alineamiento con la palabra.

Aceptación de la palabra

Es el recibimiento voluntario de la voz profética. Es la aprobación de estar recibiendo la Voz de Dios, es el hecho de estar apropiándome de la palabra, donde mi espíritu recibe testimonio que la palabra profetizada proviene de Dios.

Es como quien siembra una semilla en un campo, la tierra simplemente recibe la semilla. Ahora bien, la semilla no debe encontrar resistencia, ni enemigos potenciales que retrasarán el proceso de crecimiento.

Nuestro corazón debe estar limpio para poder recibir la palabra profética, si no, nos encontraremos peleando con:

- Iniquidad, rebelión y pecado.
- Incredulidad.
- Nuestros pensamientos.
- Percepciones personales de dónde queremos ir o hacer.
- Posiciones doctrinales.
- Temor.

Estos enemigos potenciales retrasarán el crecimiento y la manifestación de lo profetizado.

Asimilación de la palabra

La palabra se convierte en nuestro modo de vida, caminamos en ella.

Juan 12:24 RV60 "De cierto, de cierto os digo, que, si el grano de trigo no cae en la tierra y muere, queda solo; pero si muere, lleva mucho fruto".

Bajo las condiciones adecuadas, la palabra (semilla), comienza a hacer la obra necesaria para romper las limitaciones naturales que impidan el proceso de crecimiento del plan de Dios.

La semilla buscará hacer una permanencia dentro del corazón y hacer una raíz estable desde la cual podrá ser nutrida y alimentada de acuerdo a la naturaleza del corazón.

Si el corazón está alineado con la palabra, se producirá la fe necesaria que podrá alimentar la semilla para que pueda germinar y producir mucho fruto; pero si el corazón está dividido habrá una fuerte contienda para manifestar la verdad del corazón, esta es la raíz del doble ánimo. La verdad siempre confronta la mentira.

Debemos tomar en cuenta lo siguiente:
1. Guarde la verdad en su corazón.
2. Sea obediente.

3. Rompa toda dureza del corazón. (**Hebreos 3 y 4).**

Para que la palabra opere completamente necesitamos estar completamente ocupados en lo que Dios ha hablado.

La palabra nos sacudirá, nos probará (**Salmos 105:19).**

Ejecución y alineamiento de la palabra

La ejecución tiene que ver con la manifestación visible de la palabra, para esto hemos de ver dos cosas importantes:

1. Las condiciones de la palabra.
2. El tiempo de la palabra.

Las condiciones de la palabra

¿Cuáles son las condiciones o requisitos de la palabra que deben ser aplicadas?

Toda profecía debe recibir una respuesta, tiene que existir una respuesta en el carácter.

- La palabra produce cambios.
- Reconocer nuestra responsabilidad.

- Imperativo moral (obediencia).
- Fe y paciencia.

El tiempo de la palabra
- El Tiempo preciso.
- La preparación y momento adecuado.
- Esperanza.
- Dios tiene Su agenda en cada palabra, Dios es consciente del tiempo.
- Humillación y dependencia ante Dios y Su tiempo **(1 Pedro 5:6).**

El resultado final es un alineamiento con la palabra, hablamos de unidad con la palabra, al ser uno con la palabra, la naturaleza de la palabra ha absorbido nuestra naturaleza. La verdad de la palabra puede ser expresada y dar fruto y fruto en abundancia.

La tierra fértil produce en diferentes porcentajes de acuerdo al alineamiento con la palabra. La verdad de la palabra es expresada en plenitud, somos uno con Cristo, la simiente de la palabra manifiesta la verdad y la capacidad en nosotros. Hablamos y actuamos de acuerdo a la palabra viviente, nos convertimos en receptores de la Voz de Dios y al mismo instante en la boca de Dios. Los requisitos de la palabra son cumplidos, el tiempo y la formación del carácter; es tiempo del cumplimiento de la palabra.

Jeremías 29:10-11 RV60 "Porque así dijo Jehová: cuando en Babilonia se cumplan los setenta años, yo os visitaré, y despertaré sobre vosotros mi buena palabra, para haceros volver a este lugar. Porque yo sé los pensamientos que tengo acerca de vosotros, dice Jehová, pensamientos de paz, y no de mal, para daros el fin que esperáis".

Daniel 9:2 RV60 "En el año primero de su reinado, yo Daniel miré atentamente en los libros el número de los años de que habló Jehová al profeta Jeremías, que habían de cumplirse las desolaciones de Jerusalén en setenta años".

Usaremos esta palabra profética como un ejemplo de lo que hemos hablado acerca de la voz profética, para traer un entendimiento claro y profundo de la voz profética.

La voz profética viene para hablarnos de:

1. El corazón de Dios, Su deseo: un futuro lleno de esperanza, restauración y disciplina. Está construyendo una oportunidad para el futuro **(edificar)**.

2. Su mente, Sus planes: dentro del plan de Dios estaba el cautiverio en Babilonia como parte del proceso de Dios para establecer corrección. Nos habla que ÉL sabe los pensamientos, la palabra pensamientos en el original puede referirse a un diseño, o a una obra ingeniosa.

   En Su pensamiento estaba contemplado el regreso a la tierra, para que después de todo Su deseo fuera cumplido, dar un futuro lleno de esperanza.

   Nos anima al ver el proceso, que al final tendremos una posición de seguridad y un futuro, exhorta a tomar el camino de la deportación, ya que nos muestra el destino final **(exhortar y consolar)**.

3. Su agenda, tiempo: en esta ocasión está claro, hace referencia a 70 años.

10.

CUANDO OCURRE TODO LO CONTRARIO A LO PROFETIZADO

Satanás es el padre de la mentira y todo lo que hace está basado en una mentira, o para llevarnos a ella. El enemigo no desea que lo profetizado, que la Voz de Dios se haga una verdad manifiesta en nuestras vidas. Nos encontramos en una guerra por la verdad profetizada, por la voluntad de Dios, por el establecimiento de Su Voz.

Cuando puedo vivir escuchando lo que Dios habla, puedo hablar lo que Dios habla y Sus palabras en mi boca tienen el mismo efecto como si Dios las hablara; de allí es donde surge el poder para decretar, hablar y profetizar, es desde la esfera espiritual en la dimensión de Su Voz que podemos establecer Su voluntad, y ante el poder de Su Voz todo se alinea.

El enemigo desea que lo profetizado no venga a cumplimiento y para ello usará estrategias como:

- Mantenerle en ignorancia.
- Establecerle en una mentira (pecado).
- Llevarle al error.
- Endurecer su corazón.

Hebreos 3:15 RV60 "Entre tanto que se dice: si oyereis hoy su voz, no endurezcáis vuestros corazones, como en la provocación".

La verdad es que nos encontramos en una guerra de voluntades donde lo que creamos determinará lo que veamos establecido. Tenemos dos alternativas: creer lo que Dios ha hablado, o creer lo que el enemigo y las circunstancias dicen. Es nuestra decisión.

CONSIDERACIONES

Debemos presentar pelea bajo el fundamento de lo que Dios ha dicho, qué fue lo que Dios dijo, entender el proceso de la palabra. Haga memoria de la fidelidad y naturaleza de Dios, si Él lo dijo, seguramente lo cumplirá.

Debo estar completamente alineado a la palabra, sin doble ánimo, sin dudas, sin temor. El enemigo alimentará cualquier semilla de duda, incredulidad, temor o doble ánimo hasta absorber la verdad de la palabra.

De acuerdo a lo profetizado prepárese para la contienda.

1 Timoteo 1:18 RV60 "Este mandamiento, hijo Timoteo, te encargo, para que conforme a las profecías que se hicieron antes en cuanto a ti, milites por ellas la buena milicia".

De acuerdo a lo profetizado presente la pelea. La palabra "milites" proviene de la palabra griega "strateúomai" y significa: servir en una campaña militar; figurativamente ejercer el apostolado (con sus deberes y funciones arduas), contender con las inclinaciones carnales: soldado, militar, batallar, combatir.

Recuerde en todo momento
- Levantarse en fe.
- Camine en lo profetizado (obediencia)
- Declarar lo profetizado.
- Revisar la actitud de su corazón.

11.

LA OBEDIENCIA

Hebreos 3:15 RV60 "Entre tanto que se dice: si oyereis hoy su voz, no endurezcáis vuestros corazones, como en la provocación".

Existe una relación muy estrecha entre el amor y la obediencia, si decimos que Le amamos, Le obedeceremos, si Le obedecemos es porque Le amamos.

Juan 15:10 RV60 "Si guardareis Mis mandamientos, permaneceréis en Mi amor; así como Yo he guardado los mandamientos de Mi Padre, y permanezco en Su amor".

Juan 14:15 RV60 "Si me amáis, guardad mis mandamientos".

Sin duda la obediencia es uno de los aspectos más importantes del caminar en Cristo, sin ella no:
- Permanecemos.

- Damos fruto.
- Somos parte de la familia.
- Entramos en su promesa.
- Recibimos lo profetizado.

Hebreos 9:14 "Pero gracias sean dadas a Dios quien nos lavó por medio de la Sangre de su Hijo, nos dio de su Espíritu Santo, nos capacitó para ser hechos semejantes a Él y poder obedecer como Él".

Entonces según el nuevo pacto, nací para caminar en Su Palabra, no sólo la que está escrita en la biblia, sino también en la Voz del Espíritu Santo que me aconseja y me guía a toda verdad.

El obedecer no se convierte en un peso sobrenatural, una tarea dificultosa e imposible de realizar. Por medio de Su gracia hemos sido hechos capaces de caminar en obediencia a Su Voz **(Juan 1:16).**

Al fin y al cabo, no sólo de pan vive el hombre si no de cada palabra que sale de Su boca **(Mateo 4:4).**

El oír la voz de Dios y caminar en obediencia nos garantizará:
- El respaldo de todo lo que Dios ha hablado.
- Los cielos abiertos.
- Provisión del cielo.

Al escuchar la Voz de Dios se genera en nuestras vidas una fe sobrenatural (**Romanos 10:17**) que hace todo lo que Dios habló.
- La fe sin obediencia está muerta.
- La obediencia sin fe no es obediencia.

Estamos entrando en tiempos extraordinarios, donde Su palabra será manifestada en nuestras vidas, ¿está listo para escuchar lo que nunca había escuchado y ver lo que nunca se había visto? Es un tiempo de obediencia extrema, viviendo sólo por la Voz del Padre.

Tiempo de obediencia extrema (la voz de Dios)

Este tiempo:
- Demanda salir de lo conocido a lo desconocido (sólo por la dirección de Dios).

- La marca de la identidad tendrá como base la obediencia.
- La Voz de Dios será conocida por aquellos que desean conocer y obedecer a Dios.

El ejemplo de Jesús:

- No actuaba conforme a Su voluntad, sino a la del Padre **(Juan 5.30; 6.38)**.
- Jesús se nutría de hacer la voluntad del Padre **(Juan 4.34)**.
- Jesús no hacía nada que no estuviera dentro de la voluntad del Padre **(Juan 5.19)**.

12.

LA VOZ DE DIOS Y LA ADORACIÓN

Juán 4:23 "Mas la hora viene, y ahora es, cuando los verdaderos adoradores adorarán al Padre en espíritu y en verdad; porque también el Padre tales adoradores busca que le adoren. Juan 4:24, Dios es Espíritu; y los que le adoran en espíritu y en verdad es necesario que adoren".

La hora viene donde los verdaderos adoradores adorarán, ¡qué declaración la que Jesús establece! Cuando Él dice verdaderos adoradores implica la existencia de adoradores que no son verdaderos.

- Sólo de un verdadero adorador procede la verdadera adoración.

- De un adorador que no es verdadero no puede proceder adoración genuina.

El fundamento de la adoración

La revelación

Juan 4:21 "Jesús le dijo: mujer, créeme, que la hora viene cuando ni en este monte ni en Jerusalén adoraréis al Padre".

Como podemos ver, existía una forma establecida de adoración, pero ambos pueblos estaban adorando a Dios de forma equivocada. A Dios se le debe adorar de la forma y la manera que Él mismo establece. Es tiempo de romper los esquemas establecidos e ir más alto (**Apocalipsis 4**). Sin revelación caeremos, igual que judíos y samaritanos, en la fuerza de la costumbre y terminaremos adorando la mentira.

Juan 4:23 RV1960 "Mas la hora viene, y ahora es, cuando los verdaderos adoradores adorarán al Padre en Espíritu y en verdad; porque también el Padre tales adoradores busca que le adoren".

Esto quiere decir que la única forma de adorar a Dios es mediante el Espíritu Santo y es Él quien nos lleva a toda verdad. Por medio del Espíritu Santo llegamos a la revelación que necesitamos para poder adorar. Sin la revelación de Su Voz, sin Su verdad y fuera de la esfera del Espíritu nos encontramos adorando una mentira.

Obediencia

Un verdadero altar de adoración no consiste en lo que YO deseo hacer o dar, sino en la oportunidad de escuchar lo que Dios demanda de nosotros. Un verdadero altar de adoración está fundamentado en la obediencia a Su Voz.

Su Voz siempre nos llevará a un punto de decisión donde seremos confrontados con nuestra propia voluntad o el obedecer Su voluntad. El acto de someter nuestra voluntad a Su Voz se llama sumisión, allí hay verdadera adoración.

Sacrificio

Al entrar en la etapa de la sumisión, ya no pienso en mí o en mis deseos, estoy sometido por completo, rendido a Él, Su Voz me dirige, yo vivo para Él. En la adoración Su Voz nos confronta y pide:

- Lo que más amamos.
- Lo que más necesitamos.

- Mi vida rendida en sacrificio a Él (yo me convierto en el sacrificio).

Génesis 22:5 RV "Entonces Abraham dijo a sus siervos: esperad aquí con el asno. Yo y el muchacho iremos hasta allá, adoraremos y volveremos a vosotros".

- Sólo los hijos pueden adorar.
- Los siervos no conocen la adoración (sólo los ritos).

La adoración es un asunto de relación, de intimidad de fe y obediencia. Difícilmente podremos adorar en Espíritu y en Verdad sin estar estos elementos presentes. Podremos estar en la iglesia, estar involucrados en las actividades religiosas de la iglesia e incluso cantar y aun así no estar en adoración.

La restauración de la adoración tiene que ver con:
- Humillación.
- Arrepentimiento.
- Hacer justicia.
- Escuchar Su Voz.
- Obediencia.

Amós 9:11-12 RV60 "En aquel día Yo levantaré el tabernáculo caído de David, y cerraré sus portillos y levantaré sus ruinas, y lo edificaré como en el tiempo pasado; 12 para que aquellos sobre los cuales es invocado mi nombre posean el resto de Edom, y a todas las naciones, dice Jehová que hace esto".

Sacrificio

Entregar lo que más amamos.

Génesis 22:2 "Y dijo: toma ahora tu hijo, tu único, Isaac, a quien amas, y vete a tierra de Moriah, y ofrécelo allí en holocausto sobre uno de los montes que yo te diré". Génesis 22:5 "Entonces Abraham dijo a sus siervos: esperad aquí con el asno. Yo y el muchacho iremos hasta allá, adoraremos y volveremos a vosotros".

La adoración es un acto de fe, un acto de amor, donde nuestra vida está siendo rendida ante la majestad suprema, el Dios Eterno. En este proceso de adoración nuestras emociones no deben estar involucradas, ¿Cómo me siento? Imagine la posición de Abraham ante la orden de Dios, no piense que él caminó durante tres días con gozo; él caminaba entregando a su hijo, al que amaba.

Miremos el proceso de Abraham y el resultado de su adoración obediente:

- Escuchó Su Voz.
- Caminó en ella/obedeció.
- Subió al monte/adorar.
- Dios se le reveló de una nueva forma.

Lo que más necesitamos

La necesidad es un poderoso motor, muchas veces nos escondemos en ella para no adorar; el temor nos invade, se posiciona en nosotros y nos aleja de la verdadera adoración. Todo porque estoy en necesidad, necesito esto o aquello. Las emociones, las dudas se apoderan de mí, y lo único que Dios espera es que eso sea entregado en el altar y poder ser Él quien abra los cielos a su favor. Veamos el proceso de Elías.

1 Reyes 18:37 "Respóndeme, Jehová, respóndeme, para que conozca este pueblo que

tú, oh Jehová, eres el Dios, y que tú vuelves a ti el corazón de ellos".

- Escuchó la Voz de Dios.
- Cerró los cielos (tres años sin lluvia).
- Reparó el altar que estaba caído (no había adoración genuina).
- Le pidió al pueblo lo que más necesitaban (Alimento y agua).
- Los cielos se abrieron.

Marcos 12:43-44 "Entonces llamando a sus discípulos, les dijo: de cierto os digo que esta viuda pobre echó más que todos los que han echado en el arca; porque todos han echado de lo que les sobra; pero ésta, de su pobreza echó todo lo que tenía, todo su sustento".

Mi vida rendida en sacrificio a Él (yo me convierto en el sacrificio).

La mayor muestra de adoración la dio Jesús en la cruz, quien vino para hacer la voluntad del Padre. En dicha adoración proveyó:

- En su muerte destruyó por la muerte el imperio de la muerte.
- Se ofreció a Sí mismo como sacrificio.